"十二五"职业教育国家规划教材
经全国职业教育教材审定委员会审定

客户服务礼仪
（第2版）

韩艳华　高　静　主　编

扈歆越　副主编

电子工业出版社
Publishing House of Electronics Industry
北京·BEIJING

内 容 简 介

本书根据教育部颁发的《中等职业学校专业教学标准（试行）信息技术类（第一辑）》中的相关教学内容和要求编写。本书的编写从满足经济发展对高素质劳动者和技能型人才的需求出发，在课程结构、教学内容、教学方法等方面进行了新的探索与创新，以利于学生更好地掌握本课程的内容，并提高实际操作技能。

本书以岗位工作过程来确定学习任务和目标，综合提升学生的专业能力、过程能力和职位差异能力，以具体的工作任务引领教学内容。本书系统地介绍了客户服务语言交际礼仪、形象形体礼仪、语言交际艺术、工作礼仪以及典型的客户服务礼仪等内容。

本书是客户与信息服务专业的专业课程教材，也可作为各类客户服务培训班的教材，还可以供呼叫服务员、话务员等客服人员参考学习。本书配有教学指南、电子教案和案例素材，详见前言。

未经许可，不得以任何方式复制或抄袭本书之部分或全部内容。
版权所有，侵权必究。

图书在版编目（CIP）数据

客户服务礼仪 / 韩艳华，高静主编．—2 版．—北京：电子工业出版社，2022.8

ISBN 978-7-121-44186-8

Ⅰ．①客⋯ Ⅱ．①韩⋯ ②高⋯ Ⅲ．①服务业—礼仪Ⅳ．①F719

中国版本图书馆 CIP 数据核字（2022）第 154957 号

责任编辑：关雅莉　　特约编辑：黄金平
印　　刷：北京天宇星印刷厂
装　　订：北京天宇星印刷厂
出版发行：电子工业出版社
　　　　　北京市海淀区万寿路 173 信箱　邮编　100036
开　　本：787×1 092　1/16　印张：12.25　字数：215.6 千字
版　　次：2014 年 12 月第 1 版
　　　　　2022 年 8 月第 2 版
印　　次：2023 年 9 月第 3 次印刷
定　　价：39.80 元

凡所购买电子工业出版社图书有缺损问题，请向购买书店调换。若书店售缺，请与本社发行部联系，联系及邮购电话：（010）88254888，88258888。
质量投诉请发邮件至 zlts@phei.com.cn，盗版侵权举报请发邮件至 dbqq@phei.com.cn。
本书咨询联系方式：（010）88254617，luomn@phei.com.cn。

前言 | PREFACE

为建立健全教育质量保障体系，提高职业教育质量，教育部于 2014 年颁布了中等职业学校专业教学标准（以下简称"专业教学标准"）。专业教学标准是指导和管理中等职业学校教学工作的主要依据，是保证教育教学质量和人才培养规格的纲领性教学文件。"教育部办公厅关于公布首批《中等职业学校专业教学标准（试行）》目录的通知"（教职成厅〔2014〕11 号文）强调"专业教学标准是开展专业教学的基本文件，是明确培养目标和规格、组织实施教学、规范教学管理、加强专业建设、开发教材和学习资源的基本依据，是评估教育教学质量的主要标尺，同时也是社会用人单位选用中等职业学校毕业生的重要参考"。

本书特色

本书根据教育部颁发的《中等职业学校专业教学标准（试行）信息技术类（第一辑）》中的相关教学内容和要求编写。

本书以岗位工作过程来确定学习任务和目标，综合提升学生的专业能力、过程能力和职位差异能力，以具体的工作任务引领教学内容。系统地介绍了客户服务语言交际礼仪、客户服务形象形体礼仪语言、客户服务语言交际艺术、客户服务工作礼仪以及典型的客户服务礼仪等内容。

本书是客户与信息服务专业的专业核心课程教材，也可作为各类客户服务培训班的教材，还可以供呼叫服务员、话务员等客服人员参考学习。

本书作者

本书由韩艳华、高静担任主编，扈歆越担任副主编，吴伦担任主审，具体分工如下：模块一、二、六由韩艳华编写，模块三由高静编写，模块四、五由扈歆越编写，全书由韩艳华统稿。本书在编写过程中得到了电子工业出版社的大力支持和帮助，在此表示衷心的感谢。

由于编者水平有限，书中难免存在疏漏之处，敬请广大读者批评指正。

教学资源

为了提高学习效率和教学效果，方便教师教学，作者为本书配备了电子教案、教学指南、微课等教学资源。请有此需要的读者登录华信教育资源网（http://www.hxedu.com.cn）免费注册后进行下载，有问题时请在网站留言板留言或与电子工业出版社联系（E-mail:hxedu@phei.com.cn）。

编　者

CONTENTS 目录

模块 1　客户沟通概述 ········· 001

　1.1　什么是客户沟通 ········· 001
　1.2　客户沟通类型 ········· 010
　1.3　客户沟通原则 ········· 016
　实操训练 ········· 030
　案例与思考 ········· 035

模块 2　客户服务语言交际礼仪 ········· 039

　2.1　客户服务语言交际礼仪的基本要求 ········· 039
　2.2　客户服务语言交际礼仪技巧 ········· 045
　实操训练 ········· 056
　案例与思考 ········· 057

模块 3　客户服务形象形体礼仪语言 ········· 064

　3.1　形象形体礼仪语言概述 ········· 064
　3.2　客户服务形象形体语言的表现形式 ········· 074
　实操训练 ········· 080
　案例与思考 ········· 083

模块 4　客户服务语言交际艺术 085

4.1　学会交谈 085
4.2　学会说服 090
4.3　学会拒绝 096
4.4　学会提问 101
4.5　学会回答 107
实操训练 112
案例与思考 114

模块 5　客户服务工作礼仪 116

5.1　工作中的同事礼仪 116
5.2　工作中的客户礼仪 123
实操训练 139
案例与思考 143

模块 6　典型的客户服务礼仪 150

6.1　应聘技巧 150
6.2　招待宴请礼仪 167
6.3　联谊活动礼仪 172
6.4　仪式活动礼仪 175
实操训练 185
案例与思考 187

模块 1

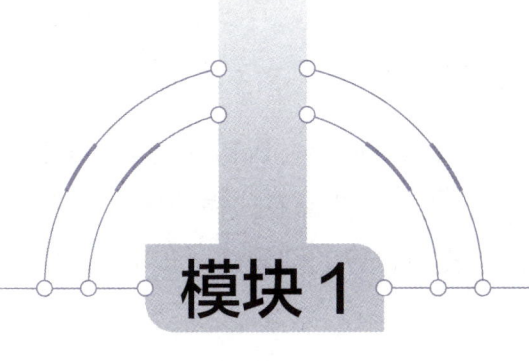

客户沟通概述

知识要点

> 明确客户沟通的概念和客户沟通的基本内容
> 掌握客户沟通的类型
> 掌握客户沟通的基本原则

1.1 什么是客户沟通

客户服务礼仪首先是与客户进行良好的沟通。人们通过沟通这座桥梁，彼此进行思想、感情、知识、见解、价值观的分享和交流，并增进相互之间的了解，消除误会。

沟通行为时时刻刻发生在我们的身边，沟通成为我们生存的方式：老师与学生之间需要沟通，医生与病人之间需要沟通，父母与孩子之间需要沟通，夫妻之间需要沟通，员工与老板之间需要沟通，企业之间需要沟通，商家与客户之间需要沟通……

不敢想象，如果我们的生活中缺少了沟通会变成什么样子？

在现实生活中，人与人之间的交流离不开沟通，沟通在我们生活当中无处不在。从某种意义上说，沟通不仅是一种职业技能，更是一种必备的生存技能。

生活在当今社会中，我们大家都有这样的体会，就是经常将沟通二字挂在嘴边，我们经常会说"要提高自己的沟通能力""某人具有较强的沟通能力""要求具有较强的沟通能力"……

那么，客户沟通又是什么呢？

1. 客户沟通的内涵

沟通可以理解为"用任何方法，彼此交换信息，即指一个人与另一个人之间以视觉、符号、电话、电报、收音机、电视或其他工具为媒介，所从事的交换消息的方法"，也可以理解为："沟通是意义的传递和理解。"在英文中，Communication 这个词既可以译作沟通，也可以译作交流、交际、交往、通信、交通、传达、传播等。这些词在中文中的使用尽管会有些微差异，但本质上都涉及信息交流或交换，其基本含义是"与他人分享共同的信息"。

这里我们综合各种有关沟通的定义，把沟通定义为：沟通就是人们在互动过程中，发送者凭借一定渠道（亦称媒介、通道、某种途径或方式），将一定的信息（信息、思想、情感、观点、态度）发送给（或传递给）既定对象（接收者），并寻求反馈，达到对某特定信息的相同理解的过程。

广义的沟通是指信息的自我传承及不同个体间信息的有效传递与接受，其中还包括自我沟通。

狭义的沟通是指不同个体间信息的有效传递与理解。本书中均以狭义的沟通为讨论主题。

"沟通"的原始意义是"使相通"。沟通的目的是让对方清楚你的思想、取得共识，或找出异同点，或发现问题、解决问题。

（1）沟通首先是信息的传递

如果信息和想法没有被传递给既定对象，则意味着沟通没有发生。也就是说，如果说话者没有听众或者写作者没有读者，那么就无法形成沟通。我们可以从沟通意义上提一个问题："如果树林中有一棵树倒了，却没有人听见，那么它是否发出了声响？"

因此，信息接收者要完整地理解传递来的信息，既要获取事实，又要分析信息发送者的价值观、个人态度,只有这样才能达到有效的沟通。

(2) 有效沟通是双方(或多方)准确一致地理解信息的含义

要使沟通成功,信息发送者的意思不仅需要被传递,更重要的是被理解,信息接收者如果不理解信息发送者所要表达的意思,那么无论信息发送者发出的信息多么详尽、具体,也还是不能达到沟通的效果,使接收者所感知到的信息应与发送者发出的信息完全一致。

案例 1-1

蘑菇变伞

有一次,有位作家去德国的一家餐馆吃饭,他想尝尝有名的德国蘑菇,可是服务员听不懂法语,而他又不会讲德语,作家灵机一动,拿来一张纸在上面画了一个蘑菇,然后交给了服务员。服务员一看,恍然大悟,马上飞奔出去。作家拈须微笑,心想总算让服务员明白自己的意思了。谁知一刻钟后,服务员气喘吁吁地跑回来,递给他一把雨伞。

案列分析

要达到沟通的效果,双方不仅需要传递信息,而且发送者要把信息"翻译"成接收者能够接受的信息符号,因为,每个人的信息符号"储存系统"各不相同。

有效沟通是指双方能准确地理解信息的含义,达成对信息含义的一致理解,而并不是指沟通双方要达成一致的意见。但是,许多人常常错误地理解"沟通"的含义:以为有效(良好的)沟通就是使一方接受另一方的观点,即沟通双方达成统一意见或协议。也就是说,良好的沟通是你(或他)被理解了什么,而不是他(或你)说了什么。

(3) 沟通是一个双向、互动的反馈和理解过程

沟通的目的不是行为本身,而是结果。如果预期结果并未产生,接收者并未对发送者发出的信息作出反馈,那么就没有达成沟通。

案例 1-2

艾丽丝的表达

艾丽丝与史密斯交往一段时间后,感到不合适,欲结束彼此间的恋人关系,艾丽丝在语言及行动上都有表明"结束恋爱"的信息,但是,史密斯始终没有接收到艾丽丝欲离开他的信息。他们的朋友海尔建议艾丽丝直言分手。"艾丽丝,你就该把你真正想一刀两断的态度用直截了当的语言向史密斯表达出来,这样不就完了吗?"海尔说。"有呀!"艾丽丝忙不迭地辩解道:"我最近一反常态,对他冷冷淡淡,不理不睬,这样表达难道还不能充分说明我态度的坚定吗?""那可并不完全一样。"海尔慢条斯理地说:"你看到了你吃掉的东西与你吃掉你看到的东西,在意义的层次上确实存在着不同程度的认知差异。"

案列分析

所以说信息发送者发出信息后,接收者并没有对发送者的信息作出反馈,或者没能理解信息发送者的意思,信息的传递只是单方面的,即只有"沟"并没有"通"。

2. 客户沟通的基本内容

通常人们是怎么来理解客户沟通的呢?有人认为客户沟通很容易,不就是说几句话,做几个动作和表情吗?自己原本能言善道,还需要学习吗?纯粹是浪费时间。有人认为与客户沟通很难,因自身性格内向,常常感到社会上的人都戴着面具,很虚伪,使自身感到威胁。只有自己独处时才感到放松、真实,在他们看来,与人交流是一种负担。对有些人来说,与客户沟通简直就是无法解决的、令自己头疼的问题。面对沟通不利所导致的错失良机或者受到伤害,虽然无数次地懊悔、哭泣,却始终难以有根本的改善,于是便归咎于自己的性格,以为这是天生的,后天没有办法改变;有人以为客户沟通很费时、很麻烦,现代人个个忙得四脚朝天,哪有时间去和人闲谈?

客户沟通是讲究策略的。应根据客户、内容、情境的不同选择合适的客户沟通策略。很多人对客户沟通认知都有偏差，与客户沟通并不难，但也绝对不是说几句话、做几个动作和表情这么简单，有效的客户沟通要求双方明了交流的基本内容，归结起来有六个方面的问题，称为 6W。

(1) Why（为什么）

"为什么"也就是客户沟通的目标、目的。客户沟通的目标是客户沟通的灵魂，是指客户沟通的计划、准备和实施过程都要围绕的主题。如果目标不明确，客户沟通的过程就是南辕北辙。

确定客户沟通的目标是一件非常重要，也是一件非常难的事情。

确定客户沟通的目标，首先要确定沟通各方的底线，包括沟通各方的理解能力、态度、行动能力和意愿，确定这一点是十分重要的。假如，幼儿园的老师对一个两三岁的孩子讲，要学好文化、造福社会。这恐怕是不会有什么结果的，因为这超出了这个年龄段孩子的理解范围。但是如果幼儿园的老师以孩子喜欢的食品或玩具作为奖赏要求孩子去背一首唐诗或几个英文单词则是可能的。

在大部分的商务活动中，进行客户沟通时各方的底线不容易摸清，需要收集大量的信息并做好调研工作；有时这个底线是在客户沟通过程中逐步了解和确定的，这需要采取试探的方法，逐渐摸清对方的意图和态度。这就要求具有根据实际情况不断调整客户沟通的目标的能力与技巧。

在客户沟通过程中，要注意区分主动沟通方、被动沟通方和对等沟通方。主动沟通方是指在客户沟通过程中事先经过计划、具有明确沟通目标的一方。被动沟通方是指事先没计划，也没有明确的沟通目标，只是被动卷入沟通过程的一方。一般来说，主动沟通方在沟通中处于有利的地位，但有时也会遭到被动沟通方的拒绝。对于主动沟通方而言，只要他能够避免被另一方完全终止沟通，就可以通过不断调整具体的沟通目标和范围获得利益。对等沟通则是指在沟通前各方都具有一定计划和目的的沟通过程。参与对等沟通的各方就是对等沟通方。谈判就是一种典型的对等沟通，在对等沟通中，双方都具有一定的目标，因此会产生双方目标冲突和协调的问题。

(2) Who（谁）

"谁"是指客户沟通的对象。同样的沟通信息、方法和过程对不同的客户产生的效果是不一样的。在客户沟通过程中，很多人仅仅把注意力集中在自身的目标和信息的清晰、简明、准确和完整上，而忽略了另一方的感受，这样的客户沟通必然是失败的。事实上，评价沟通效果的最终标准是信息接收方的理解和接受程度，而不是信息发送者表达的清晰程度。有时，一个十分准确的表达方式所带来的结果可能使信息接收者一片茫然，甚至产生误解。

在客户沟通之前，有必要搞清楚以下几个问题：

① 沟通对象是什么样的客户？

② 沟通对象属于哪一类客户？

③ 沟通对象的性别、年龄、种族、民族、受教育程度、地位、身份、经历等是什么？

④ 沟通对象对信息了解多少？

⑤ 沟通对象对沟通本身和沟通信息的内容持什么态度？

(3) **Where**（何处）

地点是指客户沟通活动发生的空间范围，包括地理区域、特定场所和室内布置等。大的地理区域往往暗示着某种文化背景和区域特征，如法国容易使人联想到浪漫、考究、富裕、艺术。非洲则容易让人联想到落后、干旱、豪放、自然。尽管实际情况不一定如此或者不一定当地的每个人都是这样，但它还是有一定的代表性。在购买商品的过程中，人们往往会根据产品的产地来判断产品质量的高低和价值的多少。

特定的场所往往代表一定的身份和地位。例如，同样一场商务洽谈，如果被安排在一家五星级的饭店，则代表主办方对此事非常重视，如果被安排在公司的普通会客室，则可能被理解为接待方对此事不是很重视。很多擅长客户沟通的人往往选择某些特定场合作为见面或谈话的地点，以显示自己的特殊背景或关系。

室内场所的布局和陈设对沟通双方的心理也有影响。试想，如果一个企业的老板坐在硕大的老板桌后面的老板椅上，桌前放了一张很小的椅子给员工坐或者干脆没有椅子让员工站着，那么员工在与老板沟通的过程中一定会感觉到紧张和压力。如果在办公室内垂直角度摆放两张完全相同的沙发或椅子分别供老板和员工使用，则员工在与老板的交流中就会感受到较小的地位差距和压力，沟通起来也更加轻松。

客户沟通的地点常常被称为场合。场合在沟通中具有重要作用，主要表现为场合能够决定人们对信息的解读方式。人们通常会根据经验形成一些思维定势或习惯，这些定势和习惯是人们快速解读信息的线索。大多数人都知道，同样的信息或词汇在不同场合的含义是不同的，因此，在客户沟通过程中，必须注意客户沟通的场合，错误的场合与含混不清、不合时宜的表达相比，其产生的后果更加严重。

（4）When（何时）

时间对客户沟通效果的影响是非常复杂的、多方面的。

① 不同的客户作息规律存在很大的差异。在同一时间，不同的客户沟通对象在情绪、体力、注意力等方面差异很大，如果时间选择不当就会影响沟通效果。

② 不同的客户具有不同的时间观。在很多客户沟通场合，当事双方并不一定能够准时在同一时间到达约定地点，有时还会出现迟到现象；在通常的情况下，迟到的一方会给另一方造成不被尊重、不被重视的感觉，以致影响客户沟通的顺利进行。但是，迟到可能是由多种原因造成的，如遗忘、临时变故、交通阻塞、时间安排不当等，并不一定都是由于轻视。

③ 时间的长度对客户沟通也有很大的影响。一般来说，交谈、谈判的时间越长，人们的注意力越差，头脑反应越慢。有些时候，也有人利用拖延时间的方法来麻痹对方，在谈判中达到自己的目标。

④ 不同的时间段会影响客户对信息的理解。例如，在工作时间所讲的内容往往被理解成正式沟通，在休息时间或下班后所讲的话往往被理解成非正式的私人沟通，不需要承担责任。

（5）What（何事）

"何事"是指客户沟通的主题，主题是指客户沟通活动紧密围绕的核心问题或话题。在客户沟通活动中，主题的作用主要体现为它是串起所有相关信息的线索。在客户沟通过程中，主题作为基本的背景和对象，是帮助客户理解和记忆内容并作出反馈的主要依据。在时间比较长的客户沟通中，特别是演讲和报告时，听众很难长时间全神贯注地倾听，会出现走神或中途退场的现象，这时如果主题很清晰，听众就比较容易把新接收的信息与前面的信息联系起来，否则就会产生不知所云的感觉。

另外，有时由于客户沟通过程中的不确定性和随意性，客户沟通过程随时可能转入细节或一个不很相关的话题。确定明确的主题并保持主题意识，是实现高效客户沟通的重要途径。

（6）Which Channel（如何）

案例 1-3

> 林小姐是一家广告公司的总经理。年初，公司与电视台签订了合同，承办了电视台半个小时的汽车栏目。为了更好地办好这个栏目，公司引进了一个新的合伙人，新的合伙人非常有能力。但优点明显的人，其缺点往往也明显，林小姐与新合伙人在工作中会产生一些摩擦，有时会因为一些小事情产生争执。一天，因为林小姐修改了合伙人的方案，两个人产生了争执。林小姐随口说出："不行就散伙吧。"合伙人听了后没有再说什么，但是，从那天起，两个人的矛盾越来越深。
>
> 后来，合伙人对林小姐讲述了自己的看法，他觉得林小姐说出的"散伙"两个字听起来特别刺耳。林小姐这才知道，这个合伙人几年前离了婚，所以对"散伙"两字特别敏感。
>
> 其实林小姐也不是真的想"散伙"，而只是随口一说，她也没有想到这个词对合伙人有这样大的伤害。
>
> **案列分析**
>
> 在客户沟通前应该认真思考对方能够接受什么样的语言，什么样的方式，要选择对方能够接受的方式、方法进行沟通，这是客户沟通获得成功的第一个步骤。人们在实际的客户沟通中，往往会忽视这一点。

"如何"是指如何实现客户沟通的目标。通过何种途径或手段实现客户沟通的目标，这是 6W 中最困难、也是最复杂的要素。

有效地组织和实施客户沟通需要考虑以下几个因素。

模块1 客户沟通概述

① 信息的表现形式，如文字、图片、多媒体、身体语言、符号标志、模型等。

② 采用的媒介，主要分为口头和书面两大形式。口头形式包括面对面交谈、不见面的语音交谈、远程多媒体视频交谈等；书面形式包括书信、备忘录、通知等。

③ 信息的组织形式，主要分为归纳法和演绎法。归纳法是从具体的事例出发，经过分析解释，得出主要观点或一般性结论；演绎法则从一般的结论或主要观点出发，对具体的事例进行解释和说明。

④ 采取的语气和表达风格。

⑤ 应当避免的词汇和动作。

⑥ 场所的布置和安排。

⑦ 时间的选择。

在准备客户沟通计划时，要特别值得注意的是，并不存在放之四海皆准的最佳表达方式，应该根据不同的情况选择最合适的表达方式，特别是要根据沟通的需要创造出恰当的客户沟通氛围。

案例 1-4

一位老者有两个儿子，老大叫大晋，老二叫小晋，年龄相差三岁。大晋小时候就是孩子王，喜欢交朋友，身边不乏玩伴，上了小学，每次放学回家都要和父亲唠叨学校里发生的事情，说哪个同学怎么聪明，怎么好，还给老者讲一些他们之间的小故事。小晋小时候常常一个人玩，因为他经常和小伙伴打架吵嘴，身边没有什么朋友。放学回来和爸爸聊的是学校哪个学生如何坏的事情。

老者当时感慨地说："我这两个孩子，看现在的状况就可以预料到他们以后的发展。大晋能够看到别人的优点，能够不断地欣赏别人，因此，他的人际关系会很好，周围会有很多追随者，小伙伴愿意和他交朋友，以后的人生发展也一定会很顺畅。小晋认为人家这个不行那个坏，每天所接触的不是吵嘴就是打架，经常有孩子来告状，他这样下去不会有真正的好朋友，不会有很好的人际关系，以后的人生发展前途渺茫。"

> 如今，大晋 49 岁，小晋 46 岁，同是大学毕业，分配到两个不同的学校任教。两个孩子的发展，正如老者预料的那样。大晋的事业、人生发展非常顺利，现任某大学的主要领导，在高校享有很高的声誉，家庭生活也很幸福。小晋还在某学校教书，人际关系较差，事业默默无闻，还经历了一次婚姻失败。

1.2 客户沟通类型

实际工作中，客户沟通的方式多种多样，不同的方式具有不同的功能。按不同的标准，可以把客户沟通分为不同的类型。

1. 人际沟通、组织沟通和跨文化沟通

按照客户沟通主体的不同，可以将客户沟通分为人际沟通、组织沟通和跨文化沟通等不同类型。

（1）**人际沟通**，就是指人和人之间的信息和情感相互传递的过程。它是群体沟通、组织沟通，乃至管理沟通的基础。

（2）**组织沟通**，就是涉及组织特质的各种类型的沟通。它不同于人际沟通，但包括组织内的人际沟通，是以人际沟通为基础的。一般来说，组织沟通又可以分为组织内部沟通和组织外部沟通。其中，组织内部沟通又可以细分为正式沟通和非正式沟通；组织外部沟通则可以细分为组织与顾客、股东、上下游企业、社区、新闻媒体等之间的沟通。

源于拉丁语 Commums 的 Communication（沟通），指沟通双方建立起某种"共同"。沟通是为建构和谐、共同的战略目标和形成"共同体"的最为重要的途径。任何缺乏沟通的组织都不可能达成三个统一：目标统一、认识统一、行动统一，这样的组织是最没有战斗力的，最终必将分崩离析。

（3）**跨文化沟通**，是指不同文化背景下的人们之间相互传递信息和情感的过程，它是同文化客户沟通的变体。相对于同文化客户沟通而言，跨文化客户

沟通要逾越更多的障碍。

每个国家或地区都有自己的文化、经验和知识。从客户沟通角度讲，不同文化背景的人在社会价值观、道德观和风俗习惯等语言沟通方面有所不同。

文化的差异是客户沟通的最大障碍，下面是跨文化沟通误区的几个实例。

有一个主管是美国人，他第一次去德国的时候，应邀到一位最大的客户家里做客。他希望成为一个得体的客人，于是给女主人送了一束玫瑰花，一共 12 支。后来他才知道，在德国，如果花是偶数则代表坏运气，而且红玫瑰还象征着极其浪漫的情意。

在土耳其，如果你和某个人面对面时，双臂交叉是很不礼貌的。

在中国餐桌上招待客人的时候，催促客人吃菜和帮别人夹菜是很热情的表达方式。但是在美国，招待客人时从来都是主人和客人各有一套餐具，而且在客人需要佐料，而佐料却很远的时候，主人就会通过身边的人一个个地把佐料传递过去，自己的身体从来不越过别人的食物。中国招待客人的方式在美国并不合适。

对美国人和德国人来讲，语言是非常重要的，他们都很重视合同和谈判，而其他文化背景的人更看重谈判的环境。希腊人认为合同是对将来正式生意的一种说明。日本人也这样认为，但同时也认为合同可以修改。墨西哥人把合同看成艺术品，认为它只能在理想社会实现，所以没必要履行合同。

在同一文化背景下理解非语言沟通都会很困难，更不用说跨文化沟通了。由于思维方式、时间观念、身体语言、语言及风俗习惯等文化的差异，跨文化沟通有时会出现障碍。例如，日本人打招呼时表示尊敬的礼节是鞠躬；美国人认为目光交流是对对方的信任，而某些国家的人在听别人说话时，不能有直接的目光交流；北美人认为互相拍背是友好的表示，但日本人不喜欢身体接触；在西方，人们把沉默看作一种负面沟通，认为它表示拒绝、不高兴、沮丧、遗憾、尴尬或疏忽；但是在日本，人们崇尚沉默，认为沉默是成功的关键。尽管非语言沟通行为是一种复杂的沟通，甚至在跨文化沟通中有时会引起麻烦，但它确实传递了信息。

尽管人们不太可能全部理解各个文化背景下非语言沟通的细微差别，但还是应该更广泛地了解这些细微差别，这样才能增强客户沟通能力。

2. 正式沟通和非正式沟通

在正式组织中，成员间所进行的沟通，因其途径的差异，按照组织管理系统和沟通体制的规范程度，分为正式沟通和非正式沟通两类。

（1）正式沟通

正式沟通是指在组织中依据组织权威路线（Line of Authority）规定的组织管理渠道或组织之层级节制或职权系统及原则，进行有计划的信息传递与交流沟通，传递和分享组织中的"官方"工作信息的沟通。

正式沟通的优点：正规、权威性强、沟通效果好，参与沟通的人员普遍具有较强的责任心和义务感，从而易保持所沟通的信息的准确性及保密性。管理沟通的流程与正式沟通有密切的关系。例如，上级文件按组织系统逐级向下传达，或下级情况逐级向上反映等，都属于正式沟通。

正式沟通的缺点：对组织机构依赖性较强而易造成速度迟缓、沟通形式刻板。如果组织管理层次多、沟通渠道长，就容易形成信息失真。

正式沟通渠道必须灵敏而高效。正式沟通畅通无阻，组织的生产经营活动及管理活动才会井然有序；反之，整个组织将陷入混乱，甚至瘫痪状态。

按照信息流向的不同，正式沟通又可细分为：**上行沟通**——对上司传递信息；**下行沟通**——对下属下达指示、指令或绩效反馈；**平行沟通**——与同事共同协调活动；**多向沟通**——交互沟通。

① 向下沟通

向下沟通就是指信息从较高的层次流向较低的组织层次，直到基层的每个人。其目的是让下层了解组织的战略目标和各时期的工作任务、工作步骤和程序、有关政策和规定，了解组织对职工的业绩考核评估，或对员工进行奖励和教育等。总之，通过向下的信息沟通影响下属和员工，可使组织成员的行动与组织目标的要求相一致。

② 向上沟通

向上沟通就是指信息从较低的组织层次流向较高的组织层次。请示和汇报是最普遍的向上沟通形式。按照权力线的自下而上的沟通经常遇到的问题是：下层的信息经过中层时往往遇阻，中层的主管人员往往把信息过滤，不把所有信息特别是不利的信息向上司传送。

③ 横向沟通

横向沟通主要是指同一层次的不同部门之间由于工作上需要协作支持所进行的沟通联络，这种沟通在现代学习型组织中越来越重要。在传统的正式沟通系统中，横向沟通并不多，一些组织为了顺利开展工作，通过任务小组、协作会议、委员会甚至矩阵结构的办法加强横向沟通，并借助非正式沟通方式以弥补正式沟通之不足。

在多层次的正式沟通中，由于人们的价值取向和认识水平不同，在上行沟通和下行沟通中都会不同程度地出现由"过滤""夸大""缩小"甚至"曲解"带来的偏差。从组织基层流向较高层次的交流信息的上行沟通一般少于下行沟通，而且往往会出现严重的失真或偏差。例如，下属常常过于强调自己的成绩，对自身差错却"大事化小，小事化了"，或者是"报喜不报忧"，形成避免传递坏消息的倾向。通常，正式沟通中的水平沟通比较随意和准确，在良好的组织文化条件下，可以作为上行和下行沟通的重要补充。

（2）非正式沟通

非正式沟通和正式沟通不同，非正式沟通是在正式渠道之外进行的信息交流，传递和分享组织正式活动之外的"非官方"信息，是组织工作人员间的非正式接触，如社交往来与友谊性的闲谈耳语的传播。此类非正式沟通不一定均与组织工作有关，但对组织工作深具影响。因非正式沟通的发展会涉及群体工作，对那些为了满足个人动机而对群体活动有害的非正式沟通，要有足够的重视。

非正式沟通是以社会关系为基础而与组织正式关系无关的一类沟通方式，它超越了部门、单位，以及层次，所以难以控制。它的沟通对象、时间及内容等各方面，都是未经计划和难以辨别的。

非正式沟通最常见的形式之一是传闻或小道消息。小道消息往往来自权力体系的周围，由于一些消息灵通人士有着多重社会关系，这些小道消息一传

十、十传百，通过垂直的、水平的、斜向的各种途径，很快地传到任何有人群的地方。

与正式沟通相比，非正式沟通具有一些优点：比较灵活方便，形式不拘，直截了当，速度很快，能够比较真实地了解正式沟通难以提供的"内幕"。其缺点是组织难以控制，信息容易失真，而且它可能导致小圈子或扰乱视听，干扰组织正式的工作部署。

非正式沟通的作用具有双重性。从积极的意义上看，非正式沟通可以弥补正式沟通的不足，是组织中重要的消息通道。当正式沟通渠道不畅通或出现问题时，非正式沟通会起十分关键的作用，可有效地防止某些正式沟通中对信息的"过滤"现象。

由于非正式沟通在管理活动中十分普遍，而且人们真实的思想和动机往往能在非正式沟通中更多地表露出来，因此，管理心理学很重视研究非正式沟通。

但正如前面所指出的，非正式沟通确实存在某些消极影响。管理者必须充分注意，有效地运用正式沟通和非正式这两个渠道，为组织目标服务。

相关链接

小道消息：小道消息主要以熟人或朋友为基础，跨组织边界传播，时间快、范围广。研究表明，小道消息沟通的主要问题在于信息源本身的准确性低。1953年，Davis 在一家中型皮件厂进行的经典研究发现，小道消息沟通有四种基本模式：聚类式、概率式、流言式、单线式。聚类式沟通是把小道消息有选择地传递给朋友或有关人员；概率式沟通以随机的方式传递信息；流言式沟通是有选择地把消息传播给某些人；单线式沟通则以串联方式把消息传播给最终接收者。Davis 的研究结果表明，小道消息传播的最普通形式是聚类式，传播小道消息的管理人员一般占 10%。后来进行的验证研究也证实，非正式沟通网络的信息发送者并不多。

一般来说，正式沟通由于双方都比较重视，沟通内容的约束性比较强，仪式较为正规，因而沟通各方在沟通过程中都较为谨慎，一般适用于简单、初步的沟通和总结性的沟通；而非正式沟通则比较适合深入沟通、探讨各种可能性的沟通阶段。

(3) 双向沟通和单向沟通

根据沟通时是否出现信息反馈，可以把沟通分为两种：双向沟通和单向沟通。

双向沟通是一类有反馈的信息沟通，如讨论、面谈等，即信息的发送者和接收者的角色不断相互转换，交替进行听、说、问等。在双向沟通中，发送者可以检查接收者是如何理解信息的，也可以使接收者明白其所理解的信息是否正确，并且接收者可以要求发送者进一步传递信息。

单向沟通是指一类没有反馈的信息沟通，如电话通知、书面指示等。严格来说，当面沟通信息，属于双向沟通。虽然发送者有时没有听到接收者的语言反馈，但从接收者的面部表情、聆听态度等方面就可以获得部分反馈信息。

双向沟通和单向沟通有不同的作用。一般情况下，在要求接收者接收的信息准确无误、处理重大问题，或作重要的决策时宜用双向沟通。而在强调工作速度、工作秩序或者执行例行公事时宜用单向沟通。"双向沟通较之单向沟通，在促进人际关系和加强双方紧密合作方面有更重要的作用；因而现代企业的沟通，越来越多地从单向沟通转变为双向沟通。"因为双向沟通更能激发员工参与管理的热情，有利于企业的发展，所以在促进双向沟通时要注意以下两点。

① 平衡心理差异。沟通双方之间由于权力的差异导致的心理上的差异有可能严重影响双向沟通的效果，位低者不敢在位高者面前畅所欲言，因而不会完全说出自己的想法，担心自己的言语可能会损害自己在位高者心目中的形象。企业主管应努力地消除下属的心理不适，创造一种民主、和谐、随意、轻松的气氛，这样才能得到位低者的真实看法和意见。

② 增加容忍度。双向沟通时，不同意见、观点、建议的出现是正常现象，沟通的双方都不应该因反对意见而大发雷霆、恼羞成怒，而应该心平气和地交换自己的思想和看法，以求达成共识，谋求彼此提升。

(4) 浅层沟通和深层沟通

根据沟通时信息涉及的情感、态度、价值观领域的程度深浅，可以把沟通分为两种，即浅层沟通和深层沟通。

浅层沟通是指沟通中基本的行为信息的传递和交换。如主管将工作安排传达给下属，下属将工作建议告诉主管等；组织内的上情下达和下情上传都属于

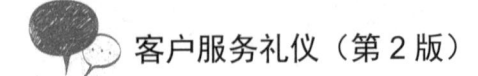

浅层沟通。

浅层沟通的特点：首先，浅层沟通是信息传递的重要内容，如果缺乏浅层沟通，就谈不上沟通；其次，浅层沟通的内容一般仅限于沟通表面上的必要部分和基本部分，如果仅有浅层沟通，沟通者之间无法进行情感态度的沟通；最后，浅层沟通一般较容易进行，因为它本身已成为员工工作的一部分。

深层沟通是指管理者和下属之间为了有更深层次的了解，在个人情感、态度、价值观等方面较深入地相互交流。有价值的随便聊天或者谈心都属于深层沟通，其作用主要是使管理者对下属有更多的认知和了解，便于依据适应性原则满足他们的需要，激发员工的积极性。

深层沟通的特点：首先，深层沟通不属于组织管理工作的必要内容，但它有助于管理者更加有效地管理好本部门或本组织的员工；其次，深层沟通一般不在组织的工作时间进行，它通常是两人在工作之余进行；最后，深层沟通较之于浅层沟通更难以进行，因为深层沟通必然要占用双方的时间，也要求相互投入情感，深层沟通的沟通效果还严重地受制于沟通过程本身。

1.3 客户沟通原则

1. 相互尊重原则

尊重是人的一种基本需要。心理学家马斯洛在对人类千差万别、多种多样的需要进行仔细研究之后，提出了著名的"需要层次理论"。他认为，人有五种基本需要，并按照人的需要发展，由低级到高级进行了排列：生理的需要、安全的需要、社交的需要、尊重的需要、自我实现的需要。在马斯洛看来，尊重的需要是人的一种高级需要，其地位仅次于自我实现的需要。人人都希望自己有稳定的社会地位，希望个人的能力和成就得到社会的承认。尊重的需要又可分为内部尊重和外部尊重。内部尊重是指个人希望在各种不同情境中有实力、充满信心、独立自主。内部尊重就是人的自尊，即尊重和维护自己的人格，达到自尊自爱。外部尊重是指一个人希望自己在社会中有地位、有威信，受到别人的尊重、信赖和高度评价。马斯洛认为，当尊重需要得到满足时，人对自己充满信心，对社会满腔热情，体验到自己的作用和价值。

在人际沟通过程中，损害他人自尊心是导致沟通失败的主要原因。如果我们伤害了某人的自我意识，那么，就别指望能够与他进行良好沟通，甚至可能会付出惨痛的代价。例如，一位丈夫在走上犯罪道路之前，听到的最后一句话是"你这个没有出息的东西，一个男子汉连老婆也养不活，还债台高筑，你干脆把左邻右舍请来，当众把老婆给休了，自己打光棍算了"。这句话实在是严重地伤害了这位男子的自尊，因而愤怒、紧张、激动、疯狂，最终犯下大错，举刀杀了人。伤害别人自尊等于授人以柄、唆人行凶。如果以纯行凶动机来说，被害人是迫使凶手丧失理智的直接原因，这在心理学上叫做"破毁攻击律"。这是说，一个人欲求不能遂愿，便会出现冲破障碍的急躁情绪，进而产生愤恨。一旦忍耐到饱和时，则以酒、色、打架、发牢骚、杀人等方式发泄。

"爱人者，人恒爱之；敬人者，人恒敬之。"在沟通中，尊重是相互的。要想获得他人对自己的尊重，首先要在交往中尊重他人。在彼此尊重的基础上，双方才能进行友好交往。在生活和工作中，无论沟通对象是谁，我们都应该尊重对方。因为尊重上级是一种礼貌，尊重同事是一种本分，尊重下级是一种天职，尊重客户是一种常识，尊重对手是一种风度，尊重所有人是一种教养。在人际交往中，没有什么比我们表现出对他人的欣赏及尊重更具魅力了。尊重他人，就是要让你所热爱的同事、朋友、上司等知道他们对于你是多么重要、多么特殊。

值得一提的是，对大多数人来讲，尊重长辈、上司、朋友、同事和客户被认为是必要的，理应如此，但是往往在面对其他沟通对象时，却忽略了尊重这一原则。例如，在对待下属时，有些领导总是高高在上，唯我独尊，目中无下属，置下属的人格、权利、自尊于不顾，要求下属无条件服从自己，这样的领导必定不会与下属实现良好的沟通。还有一些父母，在对待自己的子女时，往往做不到尊重，认为儿女是自己生的，所以在教育子女时，总习惯用自己那一代人的世界观和价值观来评价孩子，把自己的意愿强加于孩子身上，出现所谓的代沟；事实上，如果父母与子女之间能做到真正的彼此尊重，再大的沟也可以被填平。另外，在对待配偶或恋人时，很多人也做不到尊重，认为对方是自己最亲近的人，不必太拘礼，因此说话做事都"不客气了"，甚至横加干涉对方的私事和隐私。事实上，在人际沟通过程中，无论是对待上司还是下属，长辈还是晚辈，朋友还是亲人，我们都应该做到尊重。

为了做到对他人的尊重，我们应该做到以下几点。

（1）**尊重他人的价值观念**。为了表示对他人的欣赏，我们必须依照他人的价值观念去接受他人，不要总想着去改变任何人，尽管我们可能不赞同他人的行为或者信仰，但我们还是要学会接纳与我们有不同观点的人。

（2）**尊重他人的人格**。每个人在人格上都是平等的，无论在何种情况下，无论对待何人，即使对方有很多不足，做错了很多事，我们也应该尊重他的人格，不要伤害他的自尊。

（3）**尊重他人的个性差异**。不同的人具有不同的性格特征，各种性格都有各自的优势，彼此都会有适合自己的岗位和领域。例如，要求完美、认真细心的人也许会在科研、教师、会计、医疗等方面作出不俗的业绩；性格活跃、开朗的人，在市场营销、管理等行业或许会有不凡的作为。尊重他人的个性差异，就是要接纳不同个性的人，对他人不同的性格给予认可和理解，这样才能更和谐的相处，更有利于生活和工作。

（4）**尊重他人的权利**。对待沟通对象，无论年龄长幼、关系亲疏，无论地位高低，我们都应该尊重对方的权利，包括知情权、隐私权、自主权等。

（5）**尊重他人的劳动成果**。人们对辛勤劳动所获得的成果都会有一种成就感，因而会倍加珍惜。交往过程中，如果我们能尊重对方的劳动成果，实际上就是对他最大的尊重。比如，学生上课遵守纪律，就是尊重老师的劳动成果；在学校刻苦学习，就是尊重父母的劳动成果；在公共场所爱护卫生，就是尊重环卫工人的劳动成果；爱护庄稼、节约粮食，就是尊重农民的劳动成果。

（6）**尊重他人的感情**。在沟通过程中，无论说话做事都要考虑到对方的情绪感受，避免激起他强烈的情绪反应。遇到事情要学会换位思考，站在对方的角度想问题，或许事情会有不同的处理方式。"己所不欲，勿施于人"就是这个道理。

总之，相互尊重是人与人之间有效沟通的最基本原则。在沟通过程中互相尊重、态度友好，能够给予对方良好的第一印象，有利于沟通目标的实现。相反，不尊重的语言和举止将会使沟通无法进行下去，更不要说达到沟通的目标了。

2. 诚实守信原则

诚实，就是待人真诚，实事求是，不弄虚作假，不口是心非，不坑人骗人，不搞阴谋诡计。信用，就是言而有信，恪守诺言，说话算数。诚实是信用的基础，信用是诚实的表现。"诚信者，天下之结也。"诚信是人类的高尚美德，也是维系良好人际关系的基本原则之一。

（1）诚实——做人的灵魂

诚实是做人之本，是美好心灵的核心，也是人际沟通之道的核心。沟通中的诚实，是指说话办事、待人接物、与人相处有老实真诚的态度。讲真话、实话，不掩饰自己，对人忠诚坦率、实事求是。古人云："诚者，天之道也；思诚者，人之道也。"意即诚是自然的规律，追求诚实应当是做人的规律。我们中华民族历来把诚实当作一种美德，作为人与人交往的一个标准。信息反馈原理告诉我们，有良好的信息输出，才可能有良好的信息反馈，实现人与人之间的心理交融。人们需要诚实，渴望得到诚实。童话《皇帝的新装》便是一例，皇帝明明是赤身裸体，一丝不挂，但是在骗子的诱惑下，他本人同他的大臣们却自作聪明地夸赞那是一件稀世珍宝。唯有诚实的孩子道出了真相——皇帝并没有穿衣呀！有一说一，有二说二，这才是做人的原则。鲁迅先生晚年曾倡导"学学孩子"。这并不是要人们回到无知和幼稚中去，而是要人们像孩子那样诚实纯朴，对人对事不虚伪隐讳，不矫揉造作。马克思也说过："一个成年人不能再变成儿童，否则就变得稚气了。但是，儿童的天真不使他感到愉快吗？他自己不应该努力在一个更高的阶梯上把自己的真实再现出来吗？"要再现自己的真实，就要在生活的各个方面做到以下两点。

① 为人处世言行一致，表里如一。一个心地坦诚、纯洁无私的人，在任何时候、对任何人都是实事求是、心口如一的。有的人与人交往时，总是带有个人的某种目的，企图从别人那里谋取私利。因而说话办事虚虚闪闪、掩掩饰饰。一旦被人识破，失去的将是人心与朋友。

② 为人正直，做他人的畏友、密友，而不做昵友、贼友。明代学者苏浚在他的《鸡鸣偶记》中，把朋友分为四类：道义相砥，过失相规，畏友也；缓急可共，生死可托，密友也；甘言如饴，游戏征逐，昵友也；利则相攘，患则相

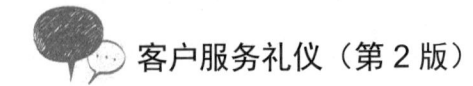

倾，贼友也。真正赤诚的朋友，并不是谄媚奉迎、见利忘义，而是誉则欣，难则帮，错则责，萎则张。

当然，在现实生活中，人与人之间是无法做到纯粹的、绝对的真实。甚至在某些时候，善意的谎言也是一种与人为善的处世哲学。鲁迅笔下那个说"这孩子将来要死的"的人，虽然他道出了人生的必然结局，但并不值得仿效与赞美。《摩耶经》中谈到，人生的旅程就是"步步近死地"；一天一天、一步一步接近死亡，这就是人生的真相。但是，试想一下，在一个喜庆的日子，谁也不会想省悟所谓的生之玄机，只不过想讨个吉言、图个吉利，这是人之常情。因此，在特定的人际交往场合，我们有时必须说一些合情但未必合理的话。当然，这并不是鼓励人们去瞒骗他人，而是在人际交往活动中，我们要注意行为、说话的场合与方式，正确地使用诚实这一原则。坦率与正直，是非常可爱的品质，但是如果使用不当，多半会招致周围人的反感，在不知不觉中，树立了许多不必要的敌人。一个崇尚坦率作风而又同时具备巧妙"手腕"的人，才是最受欢迎的人。

（2）守信——处事立世之本

守信即指人们在沟通中一定要讲信用，要说到做到，"言必信，行必果"。古人云："吾日三省吾身：为人谋而不忠乎？与朋友交而不信乎？"意即与人交往要忠诚，讲信义，诚实守信。明清时期，晋商之所以能独占鳌头称雄于全中国，纵横于欧亚，与他们"诚信为本"的经营理念密不可分。在市场经济条件下，诚信原则显得更为重要。今天，假冒伪劣、坑蒙拐骗、有章不循、不讲信用已经成为人们深恶痛绝的社会丑恶现象，它不仅损害了广大消费者的合法权益，也葬送了企业、商家，乃至国家的信誉。这种两败俱伤的惨痛结局，已使越来越多的国人从中警醒，开始重新认识信誉的价值和意义，并在人际沟通的各个领域努力实践这个原则。

遵守信用的人，首先应做到不轻易许诺，这是守信的重要保证。无论是公务沟通还是私人交往，都必须牢记一句话：少开空头支票！如果我们总是在口头上进行承诺而不付诸实际行动，那么将失去别人对我们的信赖。如果对事情没有把握或根本无法实现，就不要轻易许诺。有这样一个故事：父亲出门时，儿子吵着一定要跟着去，于是，母亲就安慰小孩子说，只要他听话就会把家里的猪杀了给他吃。其实，这只不过是母亲在情急之下的缓兵之计，谁知当父亲回来后，却真的把猪宰了。故事里父亲的做法是对的，说到就要做到，不能把许诺当儿戏。否则，诺言不能实现，会失信于人。如果孩子母亲一而再、再而三地哄骗孩子，那么结果只能如同"狼来了"的故事一样，孩子以后就不会再相信母亲的话了。

与人有约，就要守时守约。言必信，行必果。中国有一条成语叫"一诺千金"，它说的是楚汉时期，楚国有个叫季布的人，为人极讲信用，说到做到，从不食言。他的这个特点在楚国广为人知，以至于产生了一句谚语："得黄金百斤，不如得季布一诺。"季布是项羽手下的将军，曾屡次率兵攻汉，并多次使刘邦落荒而逃。当楚汉相争落下帷幕，刘邦统一天下后，就悬赏千金捉拿季布。"一诺千金"这句成语就此流传下来。在日常生活中，一个讲信用的人，才能做到言行一致、表里如一。

待人真诚、言而有信的个性品质使沟通畅通，有利于良好人际关系的建立、维系和发展。而自私自利、虚伪狡诈、言而无信的个性品质阻碍人际沟通，很难取信于人，非常不利于人际关系的建立和融洽。在沟通过程中，只有坚持诚实守信的原则，才能赢得良好的声誉，他人才愿意与你建立长期的、稳定的友好关系。

3. 宽容谦让原则

宽容，就是在心理上能容纳各种不同的人，原谅他人的过失；谦让，就是谦虚礼让。人们生活在沸腾的社会大家庭中，不可能踽踽单行。在各自行进的轨道上，纷纷攘攘，难免有所碰撞。假如有人伤害了你，受伤的心自然是痛苦的，但是就像哲学家汉纳克·阿里克所说的，堵住痛苦回忆激流的唯一办法就是宽容。宽容谦让有助于感情风暴的平息，有助于心灵伤痛的愈合，甚至唤起伤害者内心的自我觉醒。因此，在沟通过程中宽容谦让能使沟通双方除去旧隙，相互谅解，增进友谊。

人难免会犯错误，或因个人的能力有限，或因疏忽大意，或因外界客观原因等，这些情况会经常出现在沟通过程中，不要抓住别人的"小辫子"不放，借机诋毁对方，而应宽容、忍让、理解。

坚持宽容谦让的沟通原则，有利于形成良好的生活氛围，培养出良好、舒

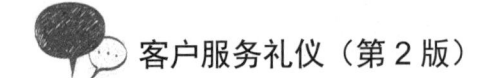

畅的心情。当你与别人产生了矛盾,是一笑了之、豁达大度地淡然处之,还是得理不饶人,仇深似海地以牙还牙?相信大多数人会选择前者,任何人都不想生活在一个剑拔弩张、心存积怨的人际环境中。宽容谦让能使人赢得更多的朋友,更深的信任。能够宽容谦让的人才可能得到他人的宽容。通过宽容别人达到相互宽容,建立起人与人之间最密切的关系,才能收获更多的朋友。

生活中,做到宽容谦让不是一件容易的事。需要沟通主体有较高的思想境界和道德水准,有宽阔的胸怀和坚强的意志,有正视自己心灵创伤的勇气,还要有一定的情绪自控能力。因为我们必须懂得,怨恨只会撕裂人际感情的纽带,无益于别人,甚至会给自己带来更多的伤害;我们也必须懂得,冤冤相报抚平不了心头伤痕,只能将自己与伤害者捆绑在无休止的仇恨战车上,于双方都不利。甘地说过,如果我们对任何事情都采取"以牙还牙"的方式来解决,那么整个世界将会失去色泽。第二次世界大战后神学家林哈德·列布哈说:"我们最终得和我们的对立民族和解。不然我们就会在恶性循环中消亡。"宽容谦让是消除矛盾的有效途径之一。

要在生活中做到宽容,就要做到以下三点。

首先,要心胸宽阔,豁然大度。要"宰相肚里能撑船",而不能"鼠肚鸡肠",要像人们赞美的弥勒佛那样,"大肚能容,容天下难容之事"。具体讲,一要"容言",即能倾听、容纳各种不同意见;二要"容过",即不苛求于人,允许别人犯错误和改正错误;三要"容才",即不嫉贤妒能。老罗斯福总统与作家佛黎向来政见不和,佛黎总是写文章攻击总统。有一次佛黎要去"拜谒",总统知道来者不善,但还是主动发请柬请之。还连夜读其著说,与之讨论,并关心其生活和工作。后来作家说,"谢谢你未曾对我有恨""当今世上,再也没有任何力量或金钱让我写一篇反对他的文章了"。

其次,宽容谦让需要顾全大局。以国家、集体和他人的利益为重,不计个人的得失与恩怨。三国时,曹操与袁绍实力悬殊,有下属暗中给袁绍写信,一旦曹军失败便归顺袁绍。后来,曹操转败为胜,清理从袁绍那里收缴来的文书,发现了当初下属写给袁绍的信,那些写过投靠信的人(其中还有一些是曹操的重要将领)非常惊慌,担心曹操会杀了他们,但是曹操命人把信全部烧掉,稳定了大局和军心。

最后,要严于律己,宽以待人。将心比心,经常换位思考,多站在对方的角度考虑问题，"己所不欲，勿施于人"。要"大事清楚，小事糊涂"，不对他人斤斤计较，不随便讲他人的短处，更不能中伤诽谤他人。

对于宽容在沟通中的实际作用，中国古人也有很多的总结和提炼。

（1）"**尊贤而容众，嘉善而矜不能。**"对各色人等，无论是贤能的人还是一般的人，有才干的人还是能力低下的人，都要包容。

（2）"**不以己所能病人，不以人所不能愧人。**"以一种理解、宽容的心态来看待他人的不足。

（3）"**不责人小过，不发人阴私，不念人旧恶。**"做到这三点，不仅可以"养德"，建立良好的人际关系，"亦可以远害"。宽容谦让是为人处世的较高境界，易博得他人的爱戴和敬重。正如孔子所说："宽则得众"，这种"海纳百川，有容乃大"的恢宏气度对我们的处世交友有很重要的指导意义。

4. 主动与客户沟通原则

客户沟通，本身就是一个主动的行为，具有一种积极向上、昂扬的气质，给人一种激越而温馨亲和的感觉，这正是沟通的魅力所在。而更能体现独特魅力与巨大影响力的，是我们主动出击所进行的客户沟通实践行为。

人和人之间的沟通是互动的、对应的。在客户沟通中，我们总是期待客户承认自己、接纳自己、喜欢自己，从而满足自己的需求。你要别人爱你，你就得给别人爱你的理由。我们周围的人都是普通人，没有圣贤。人家为什么要喜欢你？为什么要做你的好朋友？为什么先要别人接纳自己，而不是自己先去接纳别人？为什么要求别人先给予而自己不先付出？

坚持主动原则，别人爱你的理由就是你先要爱别人。无论是情感定向的客户沟通，还是功利定向的客户沟通，要使客户沟通顺利进行和延续，都应该先从自己开始。当你成为别人的朋友时，你也就拥有了好朋友。你肯播撒爱的种子，才能有爱的收获。

"主动与客户沟通"是一种积极而健康的心态，是人们在生活、工作过程中形成的良好思维习惯。树立较强的沟通主体意识，不仅能够解决越来越难于控制的因心理问题而产生的极端行为，而且对于我们每个人的人生健康发展，也有着极其深远的意义。主动让人们在下意识或不经意间一次次地鼓足了勇气、树立了信心、迈出了第一步、说出了第一句，进而变得自信而坚决、睿智而镇

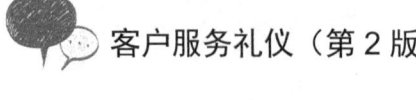

定。树立主动的意识，把客户沟通的概念深入内心，主导我们的思维行动，这样就会促使我们积极地面对生活当中的风风雨雨、喜忧悲伤，进而不断获得成功。因此，无论是身居高位的政府官员，还是普普通通的员工，无论是知识渊博的科学家，还是平凡的小学教师，我们都应该有意识地把自己作为客户沟通的主体，有意识地、主动地与客户沟通；如果清高自傲、孤芳自赏，不能与人合作，缺乏团队精神，就容易让他人对我们产生看法，在工作和生活中就很难得到别人的帮助与配合。

有趣的是，每个人都有惰性、怯性，都习惯待在一个"舒适区"里，而疏于主动结交新朋友，也较少主动与朋友联系；每个人都渴望认识好朋友，却吝于"先给予、先付出、先主动"伸出友谊之手，不主动与他人沟通。不愿主动沟通的人通常有以下几种原因。

（1）**缺乏应有的自信**。有些人自尊心很强，自己有什么要求、想法或者建议很少主动告诉别人，怕别人不理解，不答应。实际上恰恰相反，自尊心过强是不自信的表现。在工作和生活中，想出一些新的点子，自信的人会马上说出来甚至马上付诸实施，而不自信的人却左思右想，即使是很好的想法也不会主动说出，怕说出来他人不认可而失了面子。

（2）**过于孤傲自负**。孤傲自负的人自命清高、不可一世，把自己看得高人一等，因而在与他人交往时不会采取主动的态度。

（3）**性格内向甚至孤僻**。这一类型的人不愿与他人接触，待人冷漠，对周围的人常有厌烦、鄙视或戒备的心理，具有这种个性缺陷的人猜疑心较强，容易神经过敏，喜欢独来独往。

（4）**怕事，不敢承担责任**。由于怕承担责任，以致自己的想法不被上司或其他沟通者所知。它包括忍让、妥协、逃避，孔子说，"君子无所争""君子矜而不争"。这样明哲保身的哲学在中国是非常适用的，影响着很多人的作为，再加上一些消极思想的影响，使得很多人一旦与他人有分歧，就采取退让策略，逃避责任，以致跟随他人的错误思路走，而不敢有异议，致使沟通无效。

（5）**在客户沟通方面存在某些误解**。如先与别人打招呼就是降低身份、低人一等，麻烦别人会招来讨厌，别人不会对自己的事感兴趣，等等。因此，在与他人交往的过程中往往处于被动状态。

实际上，主动与客户沟通是一种生活习惯，只要我们在生活中有意识地培养自己的主动意识，就可以让自己的生活变得生动起来。

5. 关心他人原则

在工作和生活中，每个人都难免会遇到单凭自己的力量难以应付的难题和各种各样的痛苦和烦恼。在这种情况下，他人的关心和帮助，无疑是雪中送炭。要是大家自私自利，"人人自扫门前雪，莫管他人瓦上霜"，生活中的难题必将骤增百倍。因此，人与人之间应该学会互相关心，互相照顾，人际关系才会变得更加和谐。工作和生活中，无论地位高低，年龄长幼，都应该学会关心他人。在工作场合，我们应该做到以下几点。

（1）关心领导。在工作中，既要做好本职工作，又要主动关心领导、爱护领导，在关键时刻能够为领导分忧，而不是增添麻烦。工作中，关心领导主要表现为：一是服从领导指挥；二是支持领导工作；三是维护领导威严。

（2）关心平级。对于平级关系的同事，在工作生活上要给予热忱的关心。有人曾说："工作中的同事，就是战争中的战友，大家应当同呼吸、共命运。"与同事相处，既要讲竞争，又要重友情，相互之间要重义轻利，才会在工作中有好的人缘。同事之间，不存在服从与被服从的关系，而是友好合作的关系，即使由于工作上的事情引发了一些矛盾，也应该互相体谅，相互关心，而不要小肚鸡肠、心胸狭窄、勾心斗角、难为对方。

（3）关心下属。在下属中间，口碑最好的领导者，往往都是懂得关心和爱护下属的人。领导对下属真诚关心，有利于与其进行情感沟通，充分调动其工作积极性，更有利于取得他们的合作和支持。关心下属，应体现在实际行动中，而不仅仅是口头的关心；关心下属，就是在关键时刻支持和保护自己的下属，替下属争取更多的机会、利益和权利；关心下属，就是在生活上体贴下属，当下属处于危难之中时，及时主动地提供援助，替他排忧解难。

另外，在日常生活中，我们还应该学会关心长辈、关心下一代、关心邻里、关心同学、关心同乡等。总之，在各种人际关系中，都要首先为他人着想。只有真诚关心他人的人，才会在人际沟通中受到对方的欢迎，得到他人的关心。

关心他人，应做到以下几点。

（1）**要尊重他人**，这是关心的前提。要站在对方的立场上设身处地的为对方考虑。对他人的关心，也要掌握好分寸，绝不要触及对方的伤心事或者隐私，才能得到更多朋友的信任和肯定，让他觉得你是在真正的关心他。

（2）**要充分理解朋友的难处和需要，把关心落到实处**。关心他人，就是了解他当时的需求，并及时提供实际的帮助。在关心对方的时候，不要只是一味地提醒他应该做什么，而要替他想好应对困难的方法，要站在对方的立场想对策。例如，对于一个下岗了的朋友来说，你对他真正的关心是帮他找到合适的工作，而不是请他吃顿饭。

（3）**关心他人的痛苦**。如某酒店，客人进入客房后就会发现枕头上面放着一张卡片。上面写道："本酒店的床饰用品都是羽绒制品，阁下如果对羽绒制品敏感，请拨分机号码×××，管家部会为你换上其他类的床饰用品。"这张小小的卡片体现了酒店对房客的关心。关心是主动表示对别人的友好，看起来是付出，其实也是一种回报。俗话说，"送人玫瑰，手留余香"，善于关心别人的人，往往能得到更多的乐趣和愉快的情感体验。只要你真正关心他人，就能赢得他人的帮助和合作，甚至最忙碌的重要人物也不例外。对别人好，也是一种享受，它能增进你的健康和快乐。当我们付出了真正的爱心和温情，就会赢得真正的朋友和真情的回报。

6. 互利双赢原则

"互利双赢"一词经常用于外交和商业谈判，为了双方的共同利益，站在对方或第三方的立场考虑解决问题的途径和方案。在处理人际关系时，互利双赢是指在充分考虑个人需求、充分表达自我的同时，又替他人作周到的考虑，使二者之间取得平衡，即实现双赢。也就是说，在追求本方利益的同时，保证对方的利益，寻求互利，达成双方都满意的交际关系。

在客户沟通双方的主体意识中，站在对方的角度思考问题，把"双赢"作为双方沟通的原则，在与客户沟通的过程中把对方的利益融会在自己的意识之中，这是客户沟通的一种境界。沟通的结果，双方获得的不仅仅是物质，还有精神和心灵的升华，进而会实现人生的升华。

客户沟通本身就是双方互相影响的过程，双方通过进行思想、情感、知识、心灵上的交流，使双方都成为受益者，这是一个以和谐为基础的理念。正如古人所云，"将欲取之，必先予之""礼尚往来""来而不往非礼也"。只有交往的双方都能从交往中获得某种需要的满足，良好的人际关系才能建立和维系。互利双赢不能简单地理解为等价交换或物质、经济上的相互给予，而应该理解为人际交往中的相互支持、相互帮助、相互爱护。这里既有物质上的相互扶持，也有心理及情感上的相互慰藉和满足。

古往今来，凡成大事者皆强调沟通的最终结果：追求互利双赢！要达到沟通的双赢，至少要做到以下几方面。

（1）**塑造与人为善的价值观**。友好相待和友好相处是"双赢"的核心所在。现实中，存在这样一些现象，有的人为了泄私愤，抱着"我不好你也别想好"的想法，不择手段，挖空心思报复别人；也有人只注重自己的利益，不惜伤害别人的利益，这都是待人不友好的具体表现。事实证明，一个只考虑自己利益的人，最终受害的还是自己。

（2）**学会站在对方的立场、观点看问题**。只有这样，你才能够及时了解他人的需要与顾虑，不管对方是怎样的人，通过了解对方的心理，然后采取相应的措施和方法与对方打交道，会使你赢得对方的认可，自己也会乐在其中。

（3）**确立协同竞争的新观念**。通过与别人甚至你的竞争对手协作，共同创造新的价值，以迅速取得竞争优势。一个人靠自己的努力固然能够成功，但是，如果能够化"对手"为友，把周围人都当作自己的合作伙伴，成功的机会会更多，进步也会更快。现代社会，年轻人普遍有这个特征，那就是"自我主义"。这种性格倾向，有利于进行一些富有创意或艺术性的工作，却不利于在讲求协作和团队精神的现代社会中生存和发展。要想与他人实现双赢，必须树立竞争与合作的新观念，放弃"自我主义"倾向。时代让竞争成为一个沉重的话题，但我们可以用双赢的智慧削去竞争的锋芒，微笑竞争，携手同行。

（4）**寻求彼此都能接受的结果**。与他人"双赢"不是单用你的或我的方法，而是双方共同达成第三种变通的方案。与客户交往，有时就像外交、谈判一样，不能吊在一棵树上，这条路走不通，就走另一条路，有时甚至需要站在第三方的角度看待双方眼前遇到的问题和矛盾，这样就会豁然开朗，眼前一片光明。中法两国互办文化年，双方开展了广泛的经济文化合作，法国的时装、烹饪技术、高档化妆品成为中国市场上一道亮丽的风景线；同时，中国的唐装，博大精深的儒家文化也活跃在法国的舞台上。"以我之美，美人之美，美美与共，美美大同"，中法双方在竞争中掺入了合作的油彩，最终实现了双赢。

在社交场合，有的人喜欢"吃独食"，试图一个人得利，这种习惯只可得一时之利，久而久之就会被人拒之门外。在人际交往中，如果时时处处以自我为中心，只考虑对自己是否有利，只想索取，不想奉献，以占别人便宜为交往目的，或是奉行"用人时朝前，不用人时朝后"的实用主义态度，对己有用的人就巴结、交往，对己无用的人就排挤、抛弃，这样是无法搞好人际关系的。

随着全球化趋势的不断加强，市场经济的不断发展，人与人之间越来越需要合作，缺乏合作精神，必然是"1+1<2"的结果。

人际交往是建立在相互需求的基础上的，"金无足赤，人无完人"。每个人都有自身的缺陷和局限性，都有凭个人力量无法完成的事情，这时就需要他人的帮助和支援；"寸有所长，尺有所短"，交往双方通过接触不同类型的人，在气质、能力、性格等方面也可以从对方那里取长补短，以便自我提高、自我完善；人与人之间的沟通是相互的，有困难不主动求助于他人，别人自然不好向我们求助，这样自然减少了与他人相互沟通的机会。对于人们来说，健康、成功的交往是人与人之间一种互利互补、双方受益的双赢活动，只有这样才能实现"1+1>2"的结果。

当然，从另一方面讲，对于自己在生活中遇到的难题，还是应当以自力更生为主、争取外援为辅，不要动不动就开口求人，事事麻烦别人。我求于人，应当以少为佳，同时要体谅别人的难处，不要指望有求必应，更不要令对方勉为其难。

双赢是建立在行为道德中最原始、最根本的心理需要基础上的，只要我们在与客户沟通的过程中将心比心，就不难理解双赢的含义。双赢不但能给予我们物质财富，更重要的是能给予我们精神财富，使我们在生活和工作中，无论遇到什么艰难困苦，都会乐观向上，积极进取。双赢的理念将成为我们取之不尽、用之不竭的精神财富。

7. 距离适度原则

客户关系最理想的效果是双方既要密切，又要新鲜，彼此之间具有长久吸引的魅力。在现实生活中，若要使各种客户关系都能较好地保持这种状态，就需要双方之间有恰到好处的距离。古人认为，人际交往需要保持一种若即若离的距离。庄子曰："君子之交淡如水，小人之交甘若醴。君子淡以亲，小人甘以绝。"君子之交，是指朋友之间虽有距离，但心灵相印，紧密地贴在一起，而小人之间，虽常常聚在一起，紧密无间，但心灵上互相隔阂，难以沟通。

现代管理学中有个著名的"刺猬理论"，说的是两个在冬天里相互取暖的刺猬，如果距离太近了会刺伤对方，而距离太远了又达不到取暖的效果。将刺猬理论运用到管理活动中，指的就是上下级之间、同事之间应该保持一定的距离。这样，既有利于彼此尊重对方的隐私，留下各自的活动空间，又有利于在工作中保持应有的联系，必要时还能打破局面，维护制度的严肃性。其实，朋友之间相处也是如此。如果朋友之间太密切了，说话做事都会小心谨慎，唯恐伤了朋友之间的和气，以至于给彼此造成了压力，反而产生了心理距离。每个人都需要一个独享的心理空间，需要一定的心理自由度，失去心理自由度，就会感到拥挤甚至不舒服。

不少人在人际交往中喜欢形影不离，但这并不利于实现良好的客户沟通。在学校与同学相处，如果你选定一个要好的伙伴与他形影不离，生活学习都在一起，根本没有时间和空间与其他同学相处，那么到毕业的时候你可能会发现，在这个阶段你只交了一个朋友。这就是为什么很多同学会产生这样的疑惑，"我的生活空间很狭小""我几乎没有异性朋友"。在工作中，如果你跟某个同事关系过于密切，那么不仅会失去与其他同事相处的机会，可能会影响你的工作。首先，跟要好的同事很难做到公私分明，有了好处要"给朋友面子"，犯了错误要批评却难于启齿等，这会使我们在工作中失去公平性，使我们在其他同事面前丧失威信；其次，如果在工作单位中两个人形影相随，很可能会招来领导和同事的猜忌；最后，如果跟某领导关系过于紧密，那么可能会让我们"失去群众"。

在处理各种客户关系时，关键是要注意把握好度。

（1）与朋友客户保持适当距离。朋友客户之间是需要距离的。他从来不会干涉你生活中的任何一件事，也不会改变你身边的一切。你可以将自己的心事告诉对方，无需考虑对方的看法，只是将其作为可以倾诉心中烦恼、征求意见的人。这样的朋友客户才是最安全的，你根本不需要担心他会把你的秘密说出去，因为你们生活在不同的圈子里。相反，离你很近的朋友客户却是最不安全的朋友。在这群所谓的朋友客户中能够与你知心、帮你保守秘密、分担你的喜怒哀乐的人很少。他们离你太近，一不小心就会泄露你的秘密或者出卖你，这样的朋友客户是最不可靠的。因而，在工作中要和朋友客户保持距离，太近了，

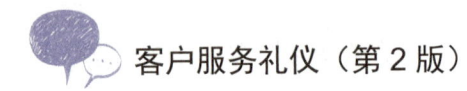

朋友客户的锋芒会刺伤自己；太远了，自己又感受不到朋友客户的温暖。

（2）**与领导保持适当距离**。有些领导很开明，私下里你们可以是朋友，这说明领导比较欣赏你，但切不可因此就没了分寸。所有领导的开明都有一个底线，那就是自尊和威严不能触碰。与领导相处时，既要关心对方又要有上下之分。和领导关系再好，也应当保持适当的距离，不能有什么说什么，想怎么说就怎么说。要注意观察其言谈举止，从中发现他的个人好恶，遇有大事，不要随意发表评论，要先搞清楚其真实意图，以便有的放矢。当然，清楚领导喜欢什么、讨厌什么，并不是为了谄谀以求利，而是为了避免不必要的摩擦和误解。另外，作为下属，对于领导的家事尽量少参与。

（3）**与下属保持适当距离**。适当距离是领导与下属相处时应注意的一个原则。在工作中，与下属相处保持适当距离至少有四个好处：一是可以防止偏听偏信，导致信息失真失灵；二是可以融通群众关系，保持组织内部关系和谐融洽；三是可以维护领导的威信，做到公平公正合理；四是可以营造健康向上的氛围，避免下属之间的互相猜忌，以便全心全意做好工作。总之，与下属保持适当距离，既有利于开展工作，也有利于建立合心合力、奋发向上的优秀团队。

实操训练

1. 情境表演

（学生表演情境①：A、B在走廊上疾走相撞，互不礼让、怒目而视。）

（学生表演情境②：A、B互致歉意。）

教师：同学之间相互宽容、理解，心境佳，则上课效率高。下面请同学们把日常交往中与同学发生冲突、产生误会并使你至今困惑、无法解决的1~2个问题写在纸条上，放进小篮子里。

（学生写纸条并放进小篮子里。）

教师：下面请各小组从篮子里随意抽取一张纸条，并讨论解决的办法。

学生抽取纸条，教师用投影仪展示，以下为小纸条示例。

纸条1：被取绰号为"小胖猪"。

纸条2：交往中被同学误解怎么办？

纸条3：男女同学正常交往引起非议怎么办？

纸条4：在交往中发现有的同学缺点很多，如自私、冷漠和不合群等，该怎么办？

小组讨论汇报，师生互动交流。

（资料来源：麻友平，人际沟通艺术，北京：人民邮电出版社，2012）

2. 客户沟通能力测试

（1）你是交际型的人吗？

回答以下问题，测试自己是否是交际型的人。回答时不要犹豫，要选择你第一眼就喜欢的答案。

① 你喜欢一伙快乐的人吗？

  A. 是的   B. 有时喜欢

  C. 不喜欢

② 你去做客或去参加联欢晚会，是否更愿"不显山、不露水"？

  A. 是的   B. 这要取决于我是否喜欢这伙人

  C. 不，我总喜欢成为众人注意的焦点

③ 可以把你称作喜欢热闹而又机智的人吗？

  A. 是的   B. 我自己也说不定

  C. 不

④ 你觉得有伤大雅的笑话可笑吗？

  A. 是的，尤其是当我自己讲这种笑话的时候

  B. 这要看是什么样的人讲这种笑话

  C. 不，我根本不喜欢讲这种笑话

⑤ 你喜欢讲笑话吗？

  A. 是的   B. 有时喜欢

  C. 不，我觉得这样做不严肃、不稳重

⑥ 人们乐意邀请你去做客和参加联欢晚会吗？

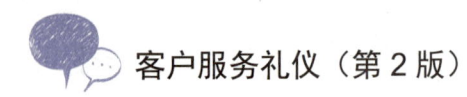

A. 是的 B. 大体上是这样，人们乐意邀请我
C. 不

⑦ 如果你到一伙非常无聊的人那里做客，你的举止如何？
A. 有时机我便不失礼仪地走开
B. 我会坐到离放饮料、小吃桌子近一些的地方，等待气氛活跃起来
C. 我会坐到离放饮料、小吃桌子近一些的地方，开始嘲笑这些惹人厌烦的人

⑧ 人们甚至在你不打算与之争论时也会嘲笑你说过的话吗？
A. 往往是这样 B. 很少有这种情况
C. 从来没有过

⑨ 你总是心想事成吗？
A. 几乎总是这样 B. 如果这不要求付出太大努力的话
C. 我更喜欢顺应事物的自然过程

⑩ 可否把你说成是一个"话头来得快"的人呢？
A. 不
B. 有时我能迅速机智地回敬别人对我的抨击
C. 是的

⑪ 你是否总说真话？
A. 是的 B. 如果说真话没有任何危险的话
C. 总说真话，哪怕为了说真话不得不添枝加叶

⑫ 你总使家里和工作的地方井然有序吗？
A. 是的 B. 保持最低限度的条理
C. 不，我喜欢创造性的无秩序状态

⑬ 可以把你看做是一个非常谦虚的人吗？
A. 是的 B. 我的谦虚适可而止
C. 不，我喜欢"拔尖儿"

⑭ 你是位好装假的人吗？
A. 是的 B. 不全是
C. 不

⑮ 你知道的滑稽短剧、有趣故事和笑话很多吗？

A. 很多 　　　　　　　　　B. 不很多

C. 很少

⑯ 请想象一下，你坐在一辆公共汽车里，喝醉酒的司机以每小时180千米的速度开着车，请问这时你的反应如何？

A. 惊骇万状 　　　　　　　B. 恐惧

C. 感到恐惧，但此时因绝望而不停地开玩笑

⑰ 你能迅速地把自己的思想用语言表达出来吗？

A. 是的 　　　　　　　　　B. 有时能

C. 不能

⑱ 你的熟人是否把你当作一个能使别人开心、快活的人呢？

A. 是的 　　　　　　　　　B. 在这方面我是个中间类型的人

C. 不

⑲ 如果你想结识某人，那么，你是否要等待那个人主动走到自己面前，然后再和他搭话呢？

A. 是的 　　　　　　　　　B. 有时等，有时先迎上去

C. 通常是自己先做自我介绍

⑳ 你是个爱说话的人吗？

A. 不 　　　　　　　　　　B. 有时喜欢说话

C. 是的

以上测试评分方法见下表。

评分方法

	1	2	3	4	5	6	7	8	9	10	11	12	13	14	15	16	17	18	19	20
A	8	2	7	9	8	7	3	9	7	1	1	1	2	9	9	4	7	8	3	1
B	5	5	5	4	4	5	5	4	4	4	4	5	4	4	4	4	4	4	5	6	4
C	2	8	1	1	1	2	9	2	3	9	9	8	8	2	2	9	2	2	9	8

现在请把你得的分数加起来，再查找下面的答案便会得出结果。

37~76分。你是个严肃而文静的人，你竭力不想成为人们注意的中心，尤其不喜欢喧闹和欢娱，不喜欢与人来往。你待人真诚，举止得体。概括地说，你比较喜欢遵守礼节规范。你喜欢含蓄幽默的笑话，但一般来说，你更喜欢严肃的谈话题目。你认为在毫无内容的空谈中度过时光是一种损失。

77～124分。你是个知识渊博、性情快活的人,你对人对己都很随和。你不能忍受过分严肃的氛围。你喜欢幽默和开玩笑。你乐意讲笑话,而且听起笑话来,你是位有收获的听众,你会报以爽朗的笑声。你虽然不是爱开玩笑的人,但有时会使人心旷神怡。在你愿意的情况下,可以发展某些才能。

125～166分。可以说你是位非常快活、非常机智的人。你好交际,很能博得别人对你的好感,因此你很容易成为大伙注意的中心。你善于使最无聊的交际场合活跃起来。在困难的场合你力求表现你的精神气质,能借助幽默摆脱困境。

(2)你受人欢迎吗?

以下问题的回答,肯定得5分,否定得0分。

① 当你离开和朋友相处的地方,朋友们会感到依依不舍吗?

② 你有病在家休息,是否有朋友围绕在你的身旁谈天说地,使你不感到孤独?

③ 你很少为一点小事与别人争吵吗?

④ 你是否觉得有很多人都给你留下了美好的印象,从而使你喜欢他(她)们?

⑤ 朋友们感到有趣的事,你也感到有趣吗?

⑥ 你愿意做你朋友喜欢做的事吗?

⑦ 经常有友人来约你叙谈聊天吗?

⑧ 友人是否常常请你组织安排或者主持舞会、野外郊游等集体活动?

⑨ 你是否喜欢参加或被人邀请参加各种社交性聚会?当这些聚会预先在你眼前出现的时候,你会感到愉快吗?

⑩ 是不是常常有人欣赏、夸奖你的仪表、才能和品质?

⑪ 数日不见的朋友,你会立刻记起他(她)的名字吗?

⑫ 同各种类型脾气与个性的人打交道,你能否很快的适应?

⑬ 当你遇上一个陌生人的时候,你认为他喜欢你的可能性大,还是不喜欢你的可能性大?

⑭ 你能否相当容易地找到你需要找的人?

⑮ 你是否愿意与他人共度周末假日?

⑯ 你是否能在短时期内与你所遇到的各种人物熟悉起来?

⑰ 你觉得你所遇到的人是否容易接近？

⑱ 他人是否很少指责、批评你，而且很快地原谅和理解你的过失和错误？

⑲ 你与异性是否很容易接近？

⑳ 你的朋友是否容易受你的感染，接受你提出的意见和建议？

回答完以上的问题，如果你的得分在 70 分以上，你便可以非常自豪地说："我是一个最受欢迎的人。"如果你的得分在 60~70 分之间，你可以聊以自慰地说："我是一个比较受欢迎的人。"如果你的得分在 50~60 分之间，你可以稍稍乐观地说："我在别人的眼中印象不坏。"如果你的得分在 40~50 分之间，那你还可以松口气说："勉强受人欢迎。"如果你的得分在 40 分以下，你必须引起注意，因为这表明你不受人欢迎。

（资料来源：张岩松，人际沟通与社交礼仪，清华大学出版社，2013）

案例与思考

1. 建筑设计师的"建筑方案"

有一位著名的建筑设计师。在一次正式的宴会中，他遇到这样一件事：当时的宴会嘉宾云集，在他邻桌坐着一位百万富翁。在宴会中这位百万富翁一直在喋喋不休地抱怨："现在建筑师不行，都是蒙钱的，他们老骗我，根本没有水准。我要建一座正方形的房子，很简单嘛，可是他们做不出来，他们不能满足我的要求。"建筑设计师听到后，非常有风度，他没有直接反驳这位百万富翁，而是问："那你提出的是什么要求呢？"百万富翁回答："我要求这座房子是正方形的，房子的四面墙全朝南！"建筑设计师面带微笑地说："我就是一个建筑设计师，你提出的这个要求我可以满足，但是这座房子我建出来你一定不敢住。"这个百万富翁说："不可能，你只要能建出来，我肯定住。"建筑设计师说："好，那我告诉你我的建筑方案是建在北极。在北极的极点上建这座房子，因为在北极点上，所以各个方向都是朝南的。"

思考分析

（1）在本案例中，建筑设计师针对百万富翁提出的"建筑方案"体现了怎样的交际原则？

（2）本案例对你有何启示？

2. 灾难性差错

第二次世界大战后期，日本的败局已定。1945年7月26日《波兹坦公告》发布，日本当局一看同盟国提出的投降条件比他们原先想象的要宽大得多，便高兴地决定把公告分发各报刊登载。7月28日铃木首相接见新闻界人士，在会上公开表示他将"mokusatsu"同盟国的最后通牒。可惜这个词选得太不好了。首相的原意是说他的内阁准备对最后通牒"予以考虑"，可是这个词还有另一个意思，就是"置之不理"。事也凑巧，日本的对外广播机构恰恰选中了这个词的第二个意思并译成对应的英语词语"take no notice of"。此条消息一经播出，全世界都知道了日本已拒绝考虑最后通牒，而不是正在考虑接受最后通牒。消息播出后，美方认为日本拒绝公告要求，便决定予以惩罚。

1945年8月6日，美军在广岛投下了威力巨大的原子弹，这真是一个灾难性差错！

思考分析

（1）为什么会发生案例中的"灾难性差错"？怎样避免？

（2）本案例对你有何启示？

3. 郑板桥的妙联

晚年的郑板桥，不仅衣着打扮依然十分随便，而且其貌不扬。有一次，他去逛扬州城外的平山堂。平山堂的住持老和尚看他仅穿了件粗布直裰，以为他是一俗客，就随便说了声"坐"，对泡茶的小和尚说了声"茶"，就不再作声了。郑板桥并不介意，站在那里向他讲明自己此行的目的是瞻仰平山堂内欧阳修读书处的石膏像。老和尚听后，不以为然，心想你那个穷样还谈什么欣赏欧阳修？郑板桥欣赏了一番寺庙内的雕刻和字画后，老和尚与他搭讪几句，郑板桥皆娓娓道来，十分内行，老和尚发现这位粗布衣裳的人谈吐不俗，很有才学，心想，他一定不是一般的平民老百姓，或许有什么来头，转而招呼道："请坐。"吩咐小和尚："敬茶！"寺里来了一批达官贵人，老和尚笑脸盈盈地合掌相迎，十分热情。这些达官贵人见郑板桥也在座，一个个上前向他问好，喊出郑板桥的名字。老和尚这才知道面前的人就是大名鼎鼎的郑板桥，不免大吃一惊，马上变了态度。老和尚赶忙满脸堆笑地对郑板桥打躬合掌说道："请上坐！请上坐！"此时小和尚将茶端了上来，老和尚喝道："敬香茶！"小和尚马上又回去换来香茶。这时老和尚拿出纸张笔墨，请求郑板桥留下墨宝。板桥也不回绝，淡然一笑，挥毫写就下面这副妙趣横生的对联：

坐，请坐，请上坐

茶，敬茶，敬香茶

真是妙不可言！想必老和尚此时定是面红耳赤，恨不得脚下有条地缝钻进去。

思考分析

（1）老和尚为何羞愧难当？

（2）本案例对人际交往有何启示？

4．屡遭敌意的小孙

小孙最近一直很苦恼，感叹世态炎凉，苦于找不到"知音"和"伯乐"，致使"英雄"无用武之地。的确，他的学业很拔尖，是个小有名气的"才子"。可是，他读完研究生走上工作岗位后，却出人意料地屡屡碰壁。他先后换过4个单位，每次的结果都是一样：在生活上不顺心，在事业上也难有作为。尤其让他感到困惑的是为何他的单位人际关系总处理不好，上司和同事总是和他过不去，甚至对他怀有敌意呢？

其实，这一切既不能怪他的上司，也不能怪他的同事，如果要怪的话，只能怪小孙自己。小孙刚到第一个单位工作时，公司的经理非常赏识他的才华，所以不久就把他调到身边当助手。可是，随着他与总经理的接触增多，在总经理面前开始变得张狂和随便起来。比如，他曾当着众人的面，毫无遮拦地发表自己的见解，还与总经理争辩，让总经理下不了台。后来小孙即使提出绝佳的计划，也常常遭到否决。

小孙去参加一个同事的宴会，事后他却跟别人一个劲儿地描述那次宴会的布置是如何俗气，抱怨食物是如何乏味，责怨主人待客是如何怠慢等。事实上，宴会并没有小孙所说的那样糟糕。知情的人很清楚，这只不过是因为主人无意中疏忽了他，没有将他安排到显要的位置上。小孙长得高大健壮，爱好球类运动，在学校时是篮球队的主力队员。他到第二家单位时，所在系统举办篮球比赛，他担任了单位的篮球队队长，由他全权负责组织篮球队的训练。可是在短短的一个月时间里，小孙就几乎把球队所有的球员都得罪了。这是为什么呢？原来他在训练中总喜欢辱骂人"水平臭""吃干饭的""给我滚一边去"。比赛败北，他更是骂骂咧咧，这样哪有不让人恨他之理？

小孙在第三个单位的时候，曾负责一个工程项目。在设计图纸时原本和他一直配合很默契的员工向他提出修改建议。"你懂什么？我开始搞图纸设计的时候，你还在穿开裆裤和稀泥哩！"尽管那位员工反复向他解释并非有意冒犯他，可小孙依然怒吼不已。事后他虽然有些后悔，但又怕丢面子，一直没有勇气向对方道歉。道歉不是件丢人的事，而是成熟和诚实的表现。说错话，办错事，需要向别人道歉，这是人际相处的基本常识。要想化敌为友，就必须勇于承认错误。

一个初夏的午后，可以听到街上阵阵喧闹声，原来是小孙与一个擦皮鞋的小摊贩发生了争执，小孙大声责难，引来围观的人越来越多。可小孙"人来疯"，声音越来越高："你不就是个擦鞋的嘛，神气什么？没擦干净，今天就不给你钱，看你怎样？"当时我都有些替小孙感到难堪。

小孙在第四个单位的时候，有一天他到仓库去领资料，保管员的态度有些不好，发料时又将数字搞错了。于是小孙得理不饶人地和保管员发生了争吵。这时，有个同事拉了拉他，朝保管员努努嘴，暗示他保管员的袖子上别了一道黑纱。可小孙仍不肯罢休，直到领导表示扣保管员当月的奖金才了事。

（资料来源：张石平，屡遭敌意谁之错，公关世界，2002（10））

思考分析

（1）本案例中的小孙屡遭敌意的原因是什么？请加以分析。

（2）小孙应该怎样改善自己？

模块 2

客户服务语言交际礼仪

知识要点

➤ 明确客户服务语言交际礼仪的基本要求
➤ 熟练掌握客户服务语言交际礼仪的技巧
➤ 能以良好的声音质量与客户沟通

2.1 客户服务语言交际礼仪的基本要求

一个人在社会上生存和发展都离不开语言。人们在日常生活中运用语言进行交谈、表达思想、沟通信息、交流感情，从而达到建立、调整和发展人际关系的目的。成功的言谈包括语调、发音、读音、声高、结构，以及正确使用字词。**语言是构成形象的一个重要组成部分**。面对面时，人们在打量你衣着的同时会留意你的讲话，在电话里语言是传递形象的唯一途径。用但丁的话来说："语言作为工具，对于我们之重要，正如骏马对骑士的重要。"

语言交际礼仪的基本要求包含内在和外在两个方面。内在方面，要求说话人必须时刻关心与自己对话的人的思想情绪；外在方面，强调将这种关心用礼貌的语言表达出来。语言沟通的关键是尊重对方和自我谦让。语言交际的基本要求具体如下。

1. 态度谦虚诚恳

真正的谦虚，是人类一种良好的品行。因为有自知之明的人知道，在这复杂的社会里，他的能力和头脑实在太简单太渺小了，不能解决人世间一切问题，他只能尽力诚恳地去做他职责以内的工作，用他的头脑勇敢地去研究他所不能解决的问题。偶有所得、偶有成就也绝不夸张，因为他知道他的所得和成就和过去别人的所得和成就比起来，太微不足道了。这样积极、谦虚的人，才是人类中最高尚、最令人钦佩的人。这样的人不易受别人排斥，容易被社会和群体吸纳和认同。相反，一个充满傲气的人，他所能获得的友谊财富和信任资本必然少得可怜。

经验人士告诉我们，在跟人说话之前最好先检查下自己的心态。如果你发现自己这时有些洋洋得意，对对方有不满、看不起等不良情绪时，最好不要开口说话，因为这时你一讲话，别人肯定会从你的言语中感觉到你的态度。说话时姿态低一点、谦虚一点比较好，不要总是高高在上，一副盛气凌人的样子。在陈述意见时谦虚一些，能使对方更容易接受，说错了话也不会十分尴尬，如果你的话是对的，可使他们舍弃原有的成见而信服你。

何先生很有人缘，但他刚调到一个新单位时，经常吹嘘自己。同事们听了不仅不欣赏他，而且还极不高兴。后来经老父亲点拨，何先生才意识到自己的毛病。从此以后便很少谈自己而是多听同事说话，只有在对方停下来问他的时候，才很谦虚地说一下自己的情况。

老子曾说："良贾深藏若虚，君子盛德貌若愚。"这句话的意思是说，商人总是隐藏自己的宝物，君子品德高尚而外貌却显得愚笨。这句话告诉我们，要敛其锋芒，收其锐气，千万不要不分场合地过分张扬自己。

所以，我们要学会谦虚，只有这样，我们才会受到别人的欢迎。

由此可见，在语言交际中，谦虚是相当重要的。那么怎样才能在不同的社交场合、不同的时间、不同的氛围用语言表达自己的谦虚，从而给他人留下一个良好的印象呢？

① 自轻成绩法。任何称赞和夸奖，都不可能毫无缘由，这时，你不妨像绘画一样，轻描淡写地勾勒一笔，却在淡泊之中见神奇。牛顿提出的牛顿力学闻

名世界,当朋友称他为伟人时,他谦虚而真诚地说:"不要那么说,我不知道世人怎么看我。不过,我自己觉得好像一个孩子在海滨玩耍的时候,偶尔捡到了几只光亮的贝壳。但是,对真正的知识大海,我还没有发现呢。"牛顿把知识看成大海,把自己的巨大成就看成是几只"贝壳",而且说得十分轻松,似乎他的成就就连一个孩子都能取得。这形象地表现了牛顿的谦虚精神,而且极富情趣。

② 相对肯定法。面对别人的称赞,如果把自己说得一无是处,不但起不到谦虚的作用,反倒给人一种虚伪的感觉。正如俗语所说:谦虚过度等于骄傲。现实生活中这样的人屡见不鲜,比如有人称赞某演员演技高超时,她竟不屑一顾地说:"这算啥!"言外之意,好像她的真本领还没有拿出来。再如有一位小说作者,受到几篇评论文章的吹捧,就飘飘然如坠云雾之中。当记者称赞他时,他竟说"只不过玩玩而已!"这让人感觉不是谦虚,充其量是一个"艺术阿混",因为他对艺术缺少一种真诚的态度。由此可见,谦虚要掌握一定的分寸。有一天,人们对丹麦物理学家波尔说:"你创建了世界第一流的物理学派,有什么秘诀吗?"波尔幽默而含蓄地说:"也许只因为我不怕在我学生面前显露自己的愚蠢。"波尔对别人的赞扬,没有自我炫耀,但也没有完全自我否定,而是相对肯定了自己"不怕在自己学生面前显露自己的愚蠢"的优点。既表现了自己的谦虚,又给人一种鼓舞。鲁迅也是如此,当有人称赞鲁迅是天才时,鲁迅说:"哪有什么天才,我是把别人喝咖啡的时间都用在工作上。"鲁迅否认自己是天才,但却肯定自己珍惜时间这一点优点,给人一种实实在在的感觉。

③ 转移对象法。当受到表扬和赞美的时候,如果你在众人面前感到窘迫的话,你不妨想办法转移人们的注意力,巧妙地"脱身",把表扬和赞美的对象,"嫁接"到别人身上。

④ 妙设喻体法。直言谦虚,固然可贵,但弄不好会给人一种虚假的感觉。特别是两个人之间,如果仅仅说"你比我强多了",则容易产生嘲讽揶揄之嫌。遇到这种情形,你不妨用一个比喻巧妙地表达自己的谦虚。

案例 2-1

一天,郭沫若和茅盾这两位文学大师相遇了,他俩谈得非常愉快,话题很快转到鲁迅身上,郭沫若诙谐地说:"鲁迅先生愿做一头为人民服务的'牛',我呢?愿做这头'牛'的尾巴。为人民服务的'牛尾巴'。"听说郭沫若愿做

"牛尾巴",茅盾笑着说:"那我就做'牛尾巴'的毛吧?它可以帮助牛把吸血的'大头苍蝇'和'蚊子'扫掉。"郭沫若看着茅盾说:"你太谦虚了。"这两位文学巨匠围绕着鲁迅"牛"的比喻,充分展开联想。一个自喻为"牛尾巴",一个自喻为牛尾巴的"毛",巧妙地展现了自己谦虚的品格。这种方式既生动形象,又把两位大师博大的胸怀表现得淋漓尽致。

⑤ 征求批评法。批评和赞美是一对反义词,但它们并不是"冤家对头",在表现自己的谦虚时,让它俩"联姻"会取得更好的效果,那就是面对人们的赞美,你却诚恳地征求他们的批评,这就更能表现你的谦虚精神。法国作家司汤达在文坛上声誉斐然。但他在写完《红与黑》后,还把手稿读给著名作家梅里美听,梅里美对其内容及技巧大加赞赏。司汤达却说:"它的优点抹杀不了,我念给你听的意思是想征得你的批评,而不是听你的赞赏。"后来,梅里美对虚心诚恳的司汤达进行了颇为精彩的评价:"我没有见过任何人的批评比他更坦率,或者接受朋友的批评比他更坦率。"因此,司汤达在法国文坛又以谦虚好学而闻名。

⑥ 巧改词语法。在称赞和夸奖你的语言上做文章,也是表现谦虚的一种好方法。如某大学中文系要举办一次讲座,请两位著名的老教授谈治学的方法。在讲座之前,主持人用赞誉之词将老教授介绍一番后,说:"下面我们以热烈的掌声欢迎王教授谈治学经验。"老教授走上讲台后,马上更正说:"我不是谈治学,而是谈'自学'。"老教授说完,台下一片掌声。"治学"本身就是对教授的褒奖,因为没有成绩的人是没有资格对大学生们谈治学经验的,而老教授只改一字,就尽得风流,而且使人们更见其治学严谨、为人谦虚的品格,真可谓妙不可言。

以上这些关于表示谦虚的言语方式各有风采,但这并不意味着就包括了所有谦虚的方法。谦虚是语言交际的基本条件,诚恳则是语言条件的基础。因为诚恳,人们才会建立关系,才会相互接受,比如,当你向别人表示祝贺时,虽然嘴上说得十分动听,但表现是冷冰冰的,那对方一定认为你只是在敷衍而已。同样当你向别人表示慰问,而神态显得不专心时。对方一定认为你故作姿态。这样对方不但不会对你感激,反而会起疑虑甚至反感,只有真诚的谈话才能引起对方的共鸣。

美国社会心理学家哈特曼曾做过一个实验：在一次选举前，他为同一个竞选者准备了两份内容相同但风格不同的宣言，一份富含理性，另一份富含感性。然后，他将这两份宣言同时印发出去，结果发现，在散发富含感性的宣言的地方，选民投票赞成的人数比散发富含理性的宣言的地区多，因此我们可以得出结论，与人交往交谈的成败，关键在于情感因素。所以，说话文明礼貌首先必须做到态度诚恳和亲切，也就是必须让对方真正对你的话语产生表里如一的印象，从而引起对方的共鸣。

2. 表情亲切自然

讲话时，首先，表情要亲切自然；其次，手势要适度，不要过多，也不要动作太大，更不能手舞足蹈。与人谈话时，距离太远或太近都不好，不要用手指人，也不要拉拉扯扯、拍拍打打，更忌讳讲话时唾沫四溅。

声音是交往的最重要的手段，正如姿态一样，声音也向别人表现着自己。你可以用录音的方式把自己的话录下来，然后进行下列检查。

① 你讲话是不是太快了？这也许会让人感到你有点神经质。

② 你是否讲得太慢了？讲得太慢会让人感到你缺乏激情和对所讲内容缺乏把握。

③ 你吐字是否不够清晰，有些含糊其辞？这是一种没有安全感的表现。

④ 你是否在用一种发牢骚的语调说话？这是一种不成熟的标志。

⑤ 你是否在用一种专横的方式说话？这表明你是个固执的人。

⑥ 你说话很做作吗？这表示你不成熟和害羞。

大多数人对声音都有一种主观的感觉，当你把自己的讲话录下来再播放出来听时，你可能会大吃一惊，原来自己的声音是那么沉闷、尖厉、含混，或者拖长音、夹杂着鼻音等。不信你可以试一试，听的时候注意一下，哪些是优点可以保持，哪些是缺点有待克服，用这种方法可以使自己的谈话技巧不断提高。

最有效的声音是亲切自然的，包含着乐观和自信。

另外，谈话时还要注意你的体态。

谈话时，双方应相互正视，相互倾听。不要东张西望、左顾右盼，不要看书报或者面带倦容，哈欠连天，更不要做一些不必要的小动作，如玩指甲、弄衣角、搔脑勺、压指节等，这些动作不礼貌。

如果是许多朋友一起交谈,讲话的人不能把注意力只集中在其中一两个你熟悉的人身上,要照顾到在场的每一个人;倾听的人,除了要特别注意正在说话的人外,你的目光也应偶尔接触一下其他的人。应该使在座的人都有发言的机会,不要只让两三个人说话。对于比较沉默的人,也应设法使他开口,比如问他:"你对这件事怎么看?"

3. 语调平和沉稳

动听的声音有着神奇的魅力,放低声调比提高嗓门来得悦耳、温婉和柔和。有一个有名的训练声音的专家,不管你是谁,她给你上的第一个小时的课,就是要你把声音降低。尽管你的声音本来已经很低了,她还是要你降低,再降低。整整一个小时的课就是不断要你降低声音。后来你会发现,你的声音越低越好听越吸引人。大多数人说话声音都很大,尤其是当众讲话时声音太尖太响。但如果你试一试放低声音,你会发现,你显得很有修养,一个低沉的声音更能吸引人们的注意力并博得信任和尊敬。

例如,作为一个演讲者,声音有力会引起与会者对你演讲内容的关注,这不是尖尖的声音所能代替的。声音提得很高,尖尖的、软软的,抑扬顿挫非常夸张,将会使人认为这是一种做作。

受过训练的声音和没有受过训练的声音是有很大的不同的,电视里的主持人和播音员,他们运用声音都是很低沉又很有力度的,是从腹腔里发出的声音。

4. 充满真挚的热情

热情是每一个艺术家的秘诀,而演说家更是如此。唐代大诗人白居易说:"动人心者莫先于情。"因此,演讲或交谈时,唯有炽热的情感才会使别人动心,若缺乏真挚而热烈的感情,只是用"人工合成"的感情,只能骗取观众的耳朵,不能骗取观众的心。人类社会的发展,要求我们不断提高自身的文明程度,而说话的文明是其中一个最重要的侧面,从中往往能窥见一个民族的精神面貌。说话文明看似简单,但要真正做到却不容易。这就需要我们身体力行,加强修养,使我们中华民族礼仪之邦的优良传统真正发扬光大。

2.2 客户服务语言交际礼仪技巧

1. 话题的选择

话题可以体现一个人的身份、修养和受教育的程度，选择适当的话题，可以融洽交谈气氛，建立友好的关系。那么什么是宜选的话题和禁忌的话题呢？

（1）宜选的话题

其实，两个人之间的交谈很简单，只要找出两个双方都感兴趣的话题就行了。假如对方对你的话题不置可否，这时你须留意，切勿偏执、尖刻地继续谈论这个题目，还是另择题目为好。在交谈中，以下五类话题是适宜选择的。

① 既定的话题。既定的话题，即交谈双方事先约定或其中一方先期准备好的话题。如研究讨论、征求意见、求人帮忙、传递信息等的话题。这类话题常用于正式交谈。

② 格调高雅的话题。格调高雅的话题，即内容健康文明、高尚脱俗的话题，如科学、文学、艺术、地理、哲学、历史等。这类话题适用于各类场合，但要看准对象，要求面对知音，既不能对牛弹琴，更不能不懂装懂、班门弄斧。

③ 对方擅长的话题。谈对方擅长的话题，就无疑给了对方一个展示自身才华的机会，往往能使谈话气氛变得很融洽，从而可能使对方对你产生好感，何乐而不为呢？谈对方擅长的话题，如与学者谈治学之道，与作家谈文学创作，与医生谈健身治病等。

④ 轻松愉快的话题。轻松愉快的话题，即谈论起来令人愉快、身心放松、很有情趣、不觉厌烦的话题，如电影电视、体育新闻、旅游观光、风土人情、名胜古迹、地方小吃、美容美发、天气情况等。这类话题常用于非正式交谈，可以各抒己见，任意发挥。

⑤ 时尚流行的话题。时尚流行的话题，即以此时、此地正在流行的事物作为谈话的中心。这类话题适用于各种交谈，但变化较快，较难把握。

（2）禁忌的话题

首先，不管是名流显贵，还是平民百姓，作为交谈的双方，他们应该是平等的。 交谈一般是选择大家共同感兴趣的话题，而有些话题是不该触及的，如非议别人的隐私，包括年龄、收入、个人物品的价值、婚姻状况、个人经历以及格调不高的话题。

其次，在交谈中，还应避免富有争论性的话题， 即使你对这个话题有坚定不移的立场，最好也不要提起，因为争论很容易造成敌对心理，争执双方很快会陷入"竞争状态"，口剑唇枪，互不相让，很少有人能对敌对者的攻击采取温和的反应，所以最好不使善意的讨论变成激烈的辩论。即使卷入一场争论当中，也应控制自己的偏见，有涵养的人不会说"肯定是这样""绝对不是那样"等话。如果你发现别人的意见不合理时就换一个话题，而不必一定要分个高低，拼个你死我活，辩论对两个头脑冷静、有谈话技巧的对手来说是一种开心的游戏而对于容易冲动和脾气不好的人却是件危险的事。

最后，批评别人的话题应尽量避免。 而赞美别人所做的工作和本领却是很合适的，而且常会使听者感到愉快，如"你的演讲真精彩""你招待我们的晚餐太丰盛啦""我从没见过这样漂亮的花"等。人们对于不同的事物的认识不可能是一致的，所以应该多一点赞美，少一点批评，对生活多一分信心，对工作多一分干劲。

2. 力量无穷的赞美

赞美是为人处世应具备的基本条件之一。 它能缓解矛盾，激励他人，使人们友好相处。很多人可能还没有意识到赞美的作用。其实，赞美具有不可思议的力量，无论他是什么人——领导、同事、自己，无论他多么崇高，都希望得到别人的肯定和赞美。

巴洛几乎把毕生的心血都贡献在马戏团和特技表演上，他对狗和马的性情很了解，大家都爱看他训练的小狗表演。只要巴洛看到狗在动作上有进步时，就会很亲切地拍抚和称赞狗，还给它肉吃，以此作为奖赏。其实，并不是只有训练狗如此，从几个世纪前到现在，不管训练何种动物，都是用这种技巧，也就是说，这是动物的本性，我们人类也不例外。但奇怪的是，人类为什么就不知道对自身利用这一点呢？我们为什么不用称赞代替责备呢？就算只有很小的进步，也不妨加以赞赏，因为这能够鼓励人们继续向前昂首迈进。

有一个监狱长名叫洛斯，他就很明白这个道理。他说："我觉得在犯人表现不错时给予适度夸赞的方法，在获得他们合作和使他们悔过上，总能产生莫大的效果，而且往往比使用严厉的惩罚或责备更管用。"

案例 2-2

查尔斯·史考伯是美国商界年薪最先超过 100 万美元的人之一。他 38 岁时，即 1921 年，就被美国钢铁大王安德鲁·卡耐基选拔为新组成的美国钢铁公司的第一任总裁。为什么卡耐基要付给他每年 100 万美元呢？是因为他是天才吗？不是。是因为他对钢铁的制造知道得比别人多吗？也不是。

史考伯说，他得到这么高的薪金，主要是因为他那与人相处的本领。有人认为他说的那些如何与人相处的话，真该镌刻在不朽的铜牌上挂在全球每个人的家里和学校里，每一个商店里和办公室里，这些话语孩子们应该背诵下来，而不要浪费时间去背诵拉丁动词的变化或巴西每年的降雨量；如果我们能够确实去实行的话，这些话语将改变你我的生活。

史考伯说："我认为，我那能够使员工鼓舞起来的能力，是我所拥有的最大资产，而使一个人发挥最大能力的方法，是赞赏和鼓励。再也没有比上司的批评更能抹杀一个人的雄心了。我从来不批评任何人，我赞成鼓励别人工作，因此我总是急于称赞，而讨厌挑错，我诚于嘉许，宽于称道。"

案列分析

这是史考伯的做法，但一般人又是怎么做的呢？正好相反。如果他觉得不喜欢不满意的话，就立刻责备，并一心挑错；而当他觉得喜欢并满意时，就什么也不说。有一句老话是：第一次我做错了，马上就听到责备声，第二次我做对了，可从来没有听到别人夸奖我。

赞美和鼓励具有意想不到的作用，记住：称赞每一项进步，即使它只是微不足道的小进步。你赞美一个人的勇敢，就能使他加倍勇敢；你赞美一个人的勤劳，就能使他永不懈怠。多少人从热烈的掌声中更加奋发向上；反之，多少人在责难怒骂声中消沉下去。

赞美是崭新人际关系的开始，应积极发现对方的优点和长处，并及时加以赞扬。 如在乘电梯时，发现对方的领带非常别致，这时如果能真诚地加以赞美说："您系的领带真漂亮！"对方一定很高兴，也许会因此与你谈得非常投机，说不定会对你说："下班后一起去喝一杯怎么样？"

赞美的要领是在心里那样想时就要立刻说出，也就是要及时。记住，重要的是要试着说出口。

赞美还可以消除人与人之间的矛盾，有这样一则轶事：一天，达尔文去赴宴，席间，达尔文与一位年轻貌美的女士坐在一排，这位女士带点玩笑的口吻向他提出问题："达尔文先生，听说您断言人类是由猴子变来的，我也属于你的论断之列吗？"达尔文看了她一眼，彬彬有礼地答道："是的，不过您不是普通的猴子变来的，而是由长得很迷人的猴子变来的。"人类是由猿猴进化来的，现在我们都懂，但当时却不是这样，这位女士看来对这个论断是半信半疑，向达尔文提出了一个并不科学的问题。达尔文没有解释为什么，或满脸不高兴，而是先肯定自己的观点，然后再表明那位女士的独特性。这样既表明自己的观点，又非常自然、巧妙地赞扬了女士迷人的美丽，避免了不同观点的冲突，也使这位女士更容易接受他的观点。

赞美时要真诚，虚伪的赞美会适得其反。社会上有一些人，有时用一些好听的话去奉承别人，谄媚别人，虽然暂时取得了一些效果，但当他们的目的一旦得逞，那些甜言蜜语也就化为了灰烬。我们所说的赞美，首先是指被赞美的事物本身的确有值得歌颂之处，其次，赞美也的确能加深赞美者与被赞美者之间的健康友谊。

不要害怕因为赞美别人而降低自己的身价。相反，应当通过赞美，表示你对他人的真诚。显示你对别人的慷慨，你要记住应将美好的言辞像包装精美的礼物一样送给别人。生活中没有赞美是不可想象的。百老汇的一位喜剧演员有一次做了个梦，梦见自己在一个座无虚席的剧院给成千上万的观众表演，然而，没有一丝掌声。他后来说："即使一个星期能赚上十万美元，这种生活也同下地狱一般。"

总之，赞美具有极大的魔力，是人际交往的"润滑剂"。人们有接受赞美的需要，因此人们必须慷慨地赞美他人。如果生活中没有赞美，人们就会丧失进取心和自信心，人类也不会发展进步。那么如何赞美他人呢？下面介绍几种常用的赞美方法。

（1）直言夸奖法

夸奖与赞美是同义词。毫不含糊地直言表达自己对别人的羡慕，这是赞美最常用的方法。

案例 2-3

德国大音乐家勃拉姆斯，出生于汉堡的贫民窟，少年时代便为生活所迫混迹于酒吧。他酷爱音乐，但由于是一个农民的儿子，没有接受教育的机会，更无法系统地学习音乐。所以，对自己未来能否在音乐上取得成功缺乏信心。然而，当他第一次敲开舒曼家大门的时候，根本没有想到，他一生的命运就在这一刻决定了。他取出他最早谱写的一首 C 大调钢琴奏鸣曲草稿，手指无比灵巧地在琴键上滑动。当他弹完一曲站起来时，舒曼热情地张开双臂抱住了他，兴奋地喊道："天才啊！年轻人！天才！"正是这出自内心的由衷赞美，使勃拉姆斯的自卑消失得无影无踪，也赋予了他从事音乐的信心。从那以后，他便如同换了个人，不断把他心底里的才智和激情流泻到五线谱上，成为一位卓越的音乐家。

舒曼对勃拉姆斯发自内心的一句赞美，成了勃拉姆斯一生中的转折点，正是这一句赞美，造就了一位伟大的音乐大师，使人类听到了《B 大调钢琴二重奏》《G 小调钢琴四重奏》等美妙绝伦的乐曲。

（2）反向赞美法

挑剔与指责，是人们最难以接受的方式，把指责变成赞美，让对方在赞美声中认识到自己的错误，这是非常巧妙的方法。

世界著名企业家洛克菲勒把许多有才能的人团结在自己周围，成为公司的"顶梁柱"。洛克菲勒吸引人才的方法之一就是赞美。有一次公司职员艾德华处事失当，在南美做错了一宗买卖，使公司损失了 100 万美元。洛克菲勒本来可以指责艾德华一番，但是他知道艾德华已经尽了最大的努力——何况事情已经发生了,艾德华本身也不希望这样。于是,洛克菲勒就找了些可以称赞的事,他恭贺艾德华幸而保全了他所投资金的 60%。"棒极了!"洛克菲勒说:"我们没法每次都这么幸运。"

(3)肯定赞美法

人人都有渴望赞美的心理需求,特别是在一些特定的时机,如成功地完成某件事、自己苦心钻研的科研项目终于通过鉴定、作品被发表等,都希望得到别人的肯定。这时,不失时机的赞美会使被赞美者终生难忘。

案例 2-4

著名诗人惠特曼奔波多年,希望有人对自己的诗感兴趣,却毫无结果,因而郁郁寡欢。他的诗集《草叶集》出版后,一个月之内只卖出二三本。当他把凝聚自己心血的书送给母亲时,被母亲毫不客气地扔到了纸篓里,因此,惠特曼十分伤心。这时,爱默生给他寄来一封短信,信中写道:"亲爱的先生,对于《草叶集》这份美好的礼物的价值,我无法做到视而不见。我觉得这是美国有史以来最不同凡响的礼物,其中充满了机智与智慧,我祝贺您开始了一项伟大的事业。"爱默生还在报纸上发文推荐《草叶集》。不久,《草叶集》便受到普遍重视,被认为开创了美国一代诗风,爱默生的信无疑对惠特曼以后的成功起了巨大作用。他肯定了《草叶集》对美国诗坛的贡献,犹如雪中送炭,使惠特曼在人生低谷中看到了希望。

(4)目标赞美法

在赞美别人时,为别人树立一个目标往往能为别人增添信心,使其为这一目标而奋斗。文斯·伦巴迪是一位富有传奇色彩的绿湾足球队教练,在率领队员训练时,他发现一个叫杰里·克雷默的小伙子训练认真、思维敏捷、球路较多。他非常欣赏这个小伙子,一天他摸了摸杰里·克雷默的头,然后轻轻拍着他的肩膀说:"有一天,你会成为国家足球队的最佳后卫。"克雷默后来回忆说:"伦巴迪鼓励我的那句话对我的一生产生了巨大的影响。"这句话使他在以后的足球生涯中,一直保持着那个自我肯定的形象,成为绿湾足球队的明星和国家足球队的主力队员。赞美，可以对被赞美者产生巨大的鼓舞力量，使其坚定自己的信念，创造奇迹。

（5）意外赞美法

在渴望得到别人的赞美时受到称赞，自然令人心悦。但出乎意料地得到人们的赞美，则会让人惊喜。如下属上班时把屋子打扫干净，在他看来是分内的事，却得到了领导的赞扬；在丈夫工作忙时，妻子包揽了所有的家务，丈夫回来称赞妻子几句等。这些看来都是平常的事，却得到了出乎意料的赞美。这种赞美被认为发自内心而不带私人动机，其效果更佳。《红楼梦》中写贾宝玉对薛宝钗等劝他考取功名的话不满，对史湘云和袭人说："林姑娘从未说过这些混账话嘛！要是她说过这些混账话，我早就和她分手了。"恰巧这时黛玉来到了窗外，无意中听到了这些话，她"不觉又惊、又喜、又悲、又叹"，此后两人更加推心置腹。有时即使是轻轻地点头以示赞美之意，只要时机得当而又巧妙，也可激动人心。

约翰·沃登是美国加州大学洛杉矶分校有名的篮球教练，他对队员们说："一旦投篮得分，就应该对传球给自己的队员微笑，眨眨眼或点点头。"一个队员问："要是他没看见呢？"约翰·沃登说："我保证他会看见的。"一个队员投篮得分，并非自己一个人的功劳，这离不开队友的巧妙传球、密切配合。向传球的队友笑一笑，既表示了自己的谦虚，又赞美了队友，其潜台词是"你传得真好！"约翰·沃登这样教诲队员对于保持整个球队的团结是大有益处的。

赞美的方法各种各样，**赞美的力量是无穷的**。赞美能够照亮他人，鼓舞自己，能够创造出一个和谐、快乐的人际关系环境。

3. 幽默助你成功

幽默是社会交往中高雅而有效的艺术，是人与人相处的润滑剂；幽默令你办事能力提高，使你的人际关系更加和谐融洽，获得周围人的钦佩与赞赏；幽默还是解脱尴尬的良方，所以**幽默已经成为衡量一个人赢得人缘能力大小的标准之一**。

在人类宝贵的心灵财富中，幽默感是最神秘的，它很难定义。林语堂在《幽默杂谈》中这样说："凡善于幽默的人，其谐趣必愈幽隐，而善于鉴赏幽默的人，其欣赏尤在于内心静默的理会，大有不可与外人道之滋味，与粗鄙显露的笑话不同，幽默愈幽愈默而愈妙。"幽默表事理于理智，寓深刻于轻松。

有一次一位钢琴家在美国密西西根州的福林特城演出，听众不到一半，他很失望也很难堪，但是他走向舞台时却说："福林特这个城市一定很有钱：我看到你们每个人都买了两三个座位的票。"于是，整个大厅里充满了欢笑。钢琴家以寥寥数语就化解了尴尬的场面。

由此可见，幽默不仅能反映出一个人随和的个性，还能显示一个人的聪明、智慧以及随机应变的能力。

爱迪生制造白炽灯泡时，遇到的主要问题是如何找到一种有效的灯丝，为此他试验了 1200 多种不同的材料，有人讽刺他说："你已经失败了 1200 多次了。"爱迪生却反驳道："不，我的成就是发现了 1200 种材料不合适做灯丝。"

需要注意的是，幽默不是毫无意义地耍嘴皮子，幽默要在人情事理之中，引人发笑，给人启迪，这需要一定的素质和修养。

从功效来说，幽默的形式多种多样。既有愉悦式幽默、哲理式幽默，也有自嘲式幽默、讥讽式幽默。为了达到幽默的礼仪效果，对同志和朋友宜多用愉悦式幽默和哲理式幽默，对待敌人、恶人则要用讽刺性幽默，以便在幽默讥讽中，给对方以鞭挞。

案例 2-5

> 鲁迅讲话生动幽默，和他交谈，常常给人以一种春风拂面之感。有一次，几个朋友和他谈起国民党的一个地方官下令禁止男女同在一个学校上学、同在一个游泳池里游泳的事，鲁迅说："同学同泳，皮肉偶尔相碰，有碍男女大防，不过禁止之后，男女还是一同生活在天地中间，同呼吸着天地中间的空气。空气从这个男人的鼻孔呼出来，被另一个女人的鼻孔吸进去了。淆乱乾坤，实在比皮肉相碰还要坏。要彻底划清界限，不如再下一道命令，规定男女老幼，诸色人等，一律戴上防毒面具，既禁止空气流通，又防止抛头露面。这样，每个人都是……喏喏！"鲁迅边说边站起来，模仿戴着防毒面具走路的样子，朋友们笑得前仰后合。

具有适度的幽默感，不仅能给你的事业带来极大的好处，而且会使你获得好人缘。幽默可以消除紧张情绪，创造一种轻松愉快的工作气氛，从而使你的事业获取成功。每当面临选择时，绝大多数人都愿意与那些有幽默感的人打交道。

但在提倡幽默感的同时，必须强调，它像其他任何事物一样，要注意"度"，一旦过了头，就可能会适得其反，被对方误解为取笑与讥讽而造成不愉快。幽默的使用还必须具体情况具体对待，尤其是对于长辈、女性、初次相识的人，幽默一定要慎用。

4．礼让对方

在交谈中，不要处处以自我为中心，要务必做到以对方为中心，处处礼让对方，尊重对方，尤其要避免以下几种失礼于人的情况。

（1）不要否定、纠正和补充别人

在交谈中，要善于聆听他人的意见，若对方所述不涉及大是大非的事情，也无伤大雅，一般不宜当面否定，让对方下不了台。

社交礼仪中，还有一条重要的原则是不得纠正。因为在交谈中，大家都应该本着求大同、存小异这一原则。如果对方所谈不涉及有辱国格人格的内容、不触犯法律、不违反伦理道德等，一般没有必要纠正。更何况，由于每个人来自不同的地方，有着不同的文化背景，考虑问题的角度不同，民族习惯也不同等，所以你的纠正也未必就是正确的，如若纠正就会失礼于别人。

还有一条，就是社交场合不得补充别人。显示你自己见多识广，而别人却孤陋寡闻，这是不尊重别人、不礼让别人的表现。

（2）不要独白，也不要冷场

既然交谈讲究的是一种双向沟通，那么在交谈中就不要一个人独白、侃侃而谈，只求自己尽兴，而要多给大家发言的机会，让大家都能发表自己的意见或看法。

另外，也不允许在交谈中走向另一个极端。即自始至终一言不发，保持沉默，从而使交谈变得冷场，破坏现场气氛。正确的做法是，不论自己是否对交谈话题感兴趣，都应热情积极地参与，万一冷场，应积极救场，引出新的话题，使交谈继续下去。

（3）不与他人争执

在社交场合，无论你的知识是多么丰富，也不要借此压倒别人，使人难堪。在别人愿意听你的意见时，你可以把你所知道的全说出来，给别人以参考。同时，还要声明你所知道的是有限的，如果有错误，希望大家加以指正。固执己见，争得面红耳赤，喜欢强词夺理，均是失礼于人的行为。在一般交谈中，应允许各抒己见、言论自由、不作结论。与人交谈重在集思广益、活跃气氛、取长补短。有句格言说得好："懦弱愚蠢的人才好激动和大吵大嚷，聪明强干的人什么时候都应保持自己的尊严。"

（4）不随意打断他人的讲话

原则上讲，打断他人谈话是不礼貌的行为，这意味着你对对方不尊重，甚至会因为没有耐心听对方把话讲完而造成某种误会。但是也会有非插话不可的时候，只要注意以下几个方面就可以了。

① 直截了当以"好了，到此为止"这句话中断对方的谈话。但是，这句话仅限用于对方态度很强硬时。

② 对方谈话告一段落时，自己立即接口谈自己的看法。

③ 以"现在没有时间了""我还有其他的工作"等理由来中断对方的谈话。

④ 预先向对方打个招呼。如一见面就向对方表明态度，"请长话短说，我没有什么时间"，或者叫他人在约定的时间打电话来，甚至可用"有急事"来中断对方的谈话。

5. 禁忌的角色

（1）喋喋不休

一个在你根本不想听时还坚持要长篇大论跟你说个没完的人，恐怕是你最厌烦的人了。俗话说："祸从口出"，说话过多，难免失之轻率。你可能常因说错了话而后悔，但你很少为你没说话而后悔。墨子教诲弟子不要说话太多，否则就像池塘里的青蛙，整日整夜地叫，弄得口干舌燥却从不为人注意，而鸡棚里的雄鸡，虽只在天亮时啼叫，却能一鸣惊人。

但当你真遇上一个喋喋不休的人时,也不必听之任之,生命有限,时间宝贵,转换话题或提醒对方在这时就显得很必要,如你不妨说:"这件事很有意思,希望以后有机会再继续向您请教,不过我还是希望现在同您谈谈……",可以这样来中断令你讨厌的话题,使谈话回到令人感兴趣的话题上来。

(2)一言不发

有一句话叫"沉默是金",但这句话在现代社会,却不一定成立。一个除非有不得不讲的话才张一张嘴的沉默寡言的人,固然是一个经得考验的友人,可他不可能给对方带来什么欢乐,除非对方以一个人发泄"独白"为快事。有时一味沉默也会造成对方的误解,以为你对他的话题不感兴趣。有些人认为:"宁可让你的嘴闭着被人认为是个傻瓜,也不要开口让别人看出你的底细。"这未免自欺欺人、失之过虑了。我们应该记住:真诚自然,表现你的本色要比掩饰伪装高明得多。

(3)尖酸刻薄

尖刻的人容易树敌。尖刻机敏虽然使人望而叹赏,但也会令人敬而远之。再者,每一句俏皮话后的喝彩声,久而久之会成为尖刻者的一种享受,变成了像空气一样不可缺少的东西,看到一点什么就忍不住要立刻讥讽一番,纵使原来完全是心无恶意,不打算说半句刻薄话,也会遇事不能自制。

(4)无事不晓

毕生研究一门学问的学者,由于他们精神上的富有,总能很谦虚地发表意见。相反,井底之蛙才自以为是。谦逊历来是我们尊崇的美德,骄傲只能使人和人之间的关系逐渐疏远。骄傲的人自命不凡,目空一切,喜欢信口雌黄,发号施令,动辄批评别人"愚蠢""糊涂""错误"等。这种人冲进社交圈,被人们形容为大象撞进了花园,园丁们唯一的希望就是他们早些走出花园。骄傲的人除非摒弃自己的优越感,与人为善,乐于助人,否则就没有人欢迎他们。

(5)逢人诉苦

有很多人总是将他们的不幸、疾病和其他不愉快的事当作话题,使人听也不是，不听也不是。交谈中有一个基本而显见的原则就是大家谈一些双方都感兴趣的事，不要逢人就诉苦，夸张自己的苦恼、不幸和忧虑。家家都有一本难念的经，谁也不会以听你的诉苦为乐事。只有那些与你最接近、最亲密的人，才关心你在手术室里耽搁了多久，受了多少罪，每日吃几次药，吃什么药等。抱怨的人想获得帮助和抚慰，听的人却只有快意，甚至轻蔑。聪明的人从不宣扬自己曾经受到的耻辱和轻侮，而仅仅宣传别人对他的尊敬。

实操训练

口头语言交际训练

（1）实训目的

通过实训掌握书面语言及口头语言交际中的各种技巧要领；提高运用相关知识解决实际问题的信心和能力；养成良好的沟通习惯和风格，形成得体的语言交际综合能力。

（2）实训情境

职业情境 1：你是公司办公室陈主任，公司曾向某家宾馆租用大会议厅，每一季用 20 个晚上，举办员工培训的一系列讲座。可是今天就在即将开始的时候，公司突然接到宾馆的通知，要求必须支付近 3 倍的租金。当你得到这个通知的时候，所有的准备工作已经就绪，通知都已经发出去了。单位领导派你去说服对方不要违约，你怎么办？请模拟场景，扮演角色。

职业情境 2：于某的上司吴总是公司负责营销的副总，为人非常严厉。吴总是南方人，说话有浓重的南方口音，"黄"与"王"不容易说清。他主管公司的市场部和销售部，市场部的经理姓"黄"，销售部经理又恰好姓"王"，由于"黄"和"王"经常听混淆，于某非常苦恼，这天，于某给吴总送邮件来，吴总对她说："请黄经理过来一下！"是让王经理过来，还是让黄经理过来？于某又一次没听清吴总要找的是谁。面对这种情况,于某该怎样处理?

(3) 实训内容

① 根据职业情境 1,模拟演示陈主任的语言交际协调过程。

② 根据职业情境 2,为秘书于某找出一个两全其美的办法,并演示语言交际过程。

(4) 实训要求

本实训可在教室或情境实训室进行。先分组讨论,再进行角色模拟演示。分组进行,每组 3~5 人,一人扮演对方公司经理,一人扮演秘书于某,一人扮演公司吴副总经理。分角色轮流演示,每组分别演示以上两个情境;要求编写演示角色的台词与情节,用语规范,表达到位。

(5) 实训提示

实践口语交流的技巧;注重语言交际的目的与策略。

(6) 实训总结

个人畅谈语言交际体会,教师总评,评选出最佳口头语言交际者。
(本训练选自:徐丽君,明卫红,秘书沟通技能训练,科学出版社,pp. 71~72)

案例与思考

1. 成功的推销

某单位原考虑买一辆某厂的 4 吨卡车,后来为了节省开支,又打消了这个念头,准备购买另一家工厂的 2 吨小卡车。厂家闻讯,立刻派出有经验的推销员专访该单位的主管,了解情况并争取说服该单位仍购买该厂的产品。这位推销员果然不负众望,获得了成功。他是怎样说服买方的呢?请看:

推销员:"你们需要运输的货物平均重量是多少?"

买方:"那很难说,2 吨左右吧!"

推销员:"有时多,有时少,对吗?"

买方:"对!"

推销员:"购买卡车,一方面要根据货物数量、重量;另一方面也要看常在什么公路上、什么条件下行驶,您说对吗?"

买方:"对。不过……"

推销员:"假如您在丘陵地区行驶,而且在冬天,这时汽车的机器和本身所承受的压力是不是比平时要大一些?"

买方:"是的。"

推销员:"据我所知,您单位在冬天出车比夏天多,是吗?"

买方:"是的。我们夏天的生意不太兴隆,而冬天则多得多。"

推销员:"那么,您的意思就是这样,您单位的卡车一般情况下运输货物为2吨;冬天在丘陵地区行驶,汽车就会处于超负荷的状态。"

买方:"是的。"

推销员:"而这种情况也正是在您生意最忙的时候,对吗?"

买方:"是的,正好在冬天。"

推销员:"在您决定购买多大马力的汽车时,是否应该考虑留有一定的余地呢?"

买方:"您的意思是……"

推销员:"从长远的观点来说,是什么因素决定一辆车值得买还是不值得买呢?"

买方:"那当然要看它能正常使用多长时间。"

推销员:"您说得完全正确。现在让我们比较一下。有两辆卡车,一辆马力相当大,从不超载;另一辆总是满负荷甚至经常超负荷。您认为哪辆卡车的寿命更长呢?"

买方:"当然是马力大的那辆车了!"

推销员:"您在决定购买什么样的卡车时,主要看卡车的使用寿命,对吗?"

买方:"对,使用寿命和价格都要加以考虑。"

推销员:"我这里有些关于这两种卡车的数据资料。通过这些数字您可以看出使用寿命和价格的比例关系。"

买方:"让我看看。"(埋头于资料中)

推销员:"哎,怎么样,您有什么想法?"

买方自己动手进行了核算。这场谈话是这样结尾的:

买方:"如果我多花 5000 元,我就可以买到一辆多使用 3 年的汽车。"

推销员:"一部车每年赢利多少?"

买方:"少说也有 5 万~6 万元吧!"

推销员:"多花 5000 元,3 年赢利 10 多万元,还是值得的,您说是吗?"

买方:"是的。"

(资料来源:陈秀泉,实用情境口才——口才与沟通训练,科学出版社,2007)

思考分析

(1) 根据本案例信息,谈谈推销员为什么能够成功地实现推销。

(2) 在推销员与客户沟通的过程中,推销员运用了哪些语言沟通的方法和技巧?

(3) 本案例对你有哪些启示?

2. 妙答

在南朝时期,齐高帝曾与当时的书法家王僧虔一起研习书法。有一次,齐高帝突然问王僧虔说:"你和我谁的字更好?"这问题比较难回答,如果王僧虔说齐高帝的字比自己的好,是违心之言;说齐高帝的字不如自己,又会使齐高帝的面子搁不住,弄不好还会将君臣之间的关系弄得很糟糕。王僧虔的回答很巧妙:"我的字臣中最好,您的字君中最好。"皇帝就那么几个,而臣子却不计其数,王僧虔的言外之意是很清楚的。高帝领悟了其中的言外之意,哈哈一笑,也就作罢,不再提这事了。在人际沟通中,有时候运用委婉的方法能更容易或更好地达到沟通目的。

(资料来源:许玲,人际沟通与交流,清华大学出版社,2007)

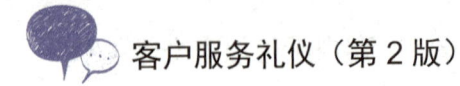

思考分析

（1）请对书法家王僧虔的妙答进行评价。

（2）本案例对你有何启示？

3. 客户服务语言交际礼仪工作训练

（一）训练一

客户："我的表格已经交上去很久了，怎么还没批下来呢？比我迟来的都办好了，你们这是怎么回事啊！"

客服人员："你还怪我们？你自己的表格都填错了，当然没办法批了。"

客户："什么？是你们让我这样填的，你们神经病呀！"

客户说话开始难听起来，客服人员站在一旁不知所措。

思考分析

在客户服务工作中，客户产生异议和服务人员发生分歧是常见的情况。在这个情境中，客服人员为了逞口舌之快，直接批评客户，让客户瞬间恼火起来。如果大家用这种服务方式和客户相处，每天都可能生活在"水深火热"之中，最后因不能胜任工作，而不得不辞职或被企业解聘。那么，当面对客户异议时，当不得不拒绝客户的要求时，如果你是客服人员，你认为怎样处理此事才能让客户满意地离开呢？

（二）训练二

将下面顾客不喜欢听的话，改成顾客喜欢听的话。

（1）"你应该把文件送来，否则我们不能给你更新。"

（2）"没看出来我们正忙吗？下周之前没时间给你送货。"

（3）"我们没有那种资料，你必须给服务中心打电话。"

（4）"我什么忙也帮不上，你必须跟经理谈。"

（5）"那不是我们该管的，你必须通过当地机构得到那些服务。"

（三）训练三

一日，一位六十多岁的老奶奶来到营业所。

服务人员："您好，请问您办理什么业务？"

客户:"我想买IP充值卡。"

服务人员:"请问您买多少面值的?我们现在是五折销售。"

客户:"五折呀,不是三折吗?"

服务人员:"很抱歉,我们是五折销售。"

客户:"哎呀,看我这么大年纪了,来一次也不容易,就帮帮我打三折吧!"

服务人员:"老奶奶,我理解您的心情,但是对于这样的事,我也是按规定办业务的。"

客户:"你看我这么大年纪,你就便宜点卖给我吧!"

服务人员:"我也想帮您啊,但是我们一直都是五折销售的。"

客户:"可是我上次买的时候是三折呀!"

服务人员:"您确定是三折吗?不可能吧,在哪里买的?"

客户:"就在这儿,这个窗口。"

服务人员:"是这样呀,但是我们真的是只卖过五折,这样吧,我帮您问一问。"

客户:"好,帮我问问吧。"

服务人员:"老奶奶,我帮您问了,您上次购买可能是因为我们搞促销,现在促销已经结束了。"

客户:"这样啊,那我走了。"

思考分析

在此工作情境中,可以看出服务人员具备基本的礼貌素质。但是这位客服人员显然欠缺服务经验。由于客户的请求不符合企业规定,该位服务人员多次直接拒绝了客户,导致客户的感受不好,最终无奈地离去。这不是一个优秀服务人员想要的结果。请你运用客户喜欢的方式拒绝客户,并且成功实现销售。

试操作

(1)请运用所学知识和服务经验,用对话的形式描绘你会如何接待本工作情境中的客户——老奶奶。

(2)各学习小组采用情景模拟和角色扮演的方式展示改进后的服务过程。

（四）训练四

有一天，一家商店的业务经理收到一封投诉信。一位客户声称他在上周买了商店里的一件铜制烟斗，商店的销售人员根据烟斗上面的徽章，判断这是一件维多利亚时代的物品，并在收据上标明了这一点，同时以市场价卖给了他。客户向收集维多利亚时代物品的人咨询之后，认为这是一件赝品，根本不值那个价钱。为此，客户要求退货，并赔偿他的损失。业务经理向销售人员了解情况之后，聘请经验最丰富的专家对该烟斗进行鉴别，确认这就是维多利亚时代的物品。经理认为这位客户之所以要求退货，有可能是他想转手时未能从中获利，便想到退货、赔款。如果你是业务经理，对于这位客户的不合理要求，你会怎么办？

思考分析

如果你是业务经理，如何用积极的语言接待要求退货的客户？

知识链接

客户异议一般具有相似性，在工作中应记录客户问题，并对各种问题进行分类，然后结合企业情况事先预备最恰当的回答，这样才能做到心中有数，不至于手忙脚乱。如果是突发性事件，切记"客户永远是对的"，把"对"永远留给客户。商业场所不是判断是非曲直的法庭，一切应以是否有利于当前问题解决为出发点，果断采取措施，否则永远是失败的一方。"客户永远是对的"不是说服务人员总是错的，而是因为服务人员把"对"让给了客户把"错"留给了自己。

有时候，客户提出的要求不符合企业规定，理应予以拒绝。但我们仍然需要记住不要轻易直接说"不"。下面是一些运用积极语言拒绝客户的方式。

第一，用肯定的语言拒绝。在肯定客户观点和意见的基础上，拒绝对方。例如："这确实是个好主意，不过，我们目前实行起来有一定的难度，恐怕需要一段时间。"

第二，用恭维的语言拒绝。拒绝的最好做法是先恭维对方。例如："先生，您真是个行家，说得很有道理，只是我们……"

第三，用商量的语言拒绝。面对客户的"非分"要求，如要求你低价卖货。如果你能和客户商量着解决，往往可以折中而达成一致。例如："先生，您刚才说的我们现在完成确实有难度，您看这样行不行……"

第四，用同情的语言拒绝。最难拒绝的是那些只向你暗示和叹气的人。但是，如果你必须拒绝，用同情的语言效果可能会好一些。例如："这可真是太气人了，碰到这种事谁都会难过的。我们可以帮您修改一下，您看可以吗？"

第五，用委婉的语言拒绝。咄咄逼人地拒绝客户是没有礼貌的，客服人员可以采用委婉的语言拒绝他，这样不至于使双方都尴尬。例如，"先生，您看上次我们已经免费为您提供了配件，这次如果还免费，我们就要喝西北风啦。"

第六，先给客户一个拒绝的理由。有时，我们必须拒绝客户不符合行规或公司规则的要求，这时"先给客户一个拒绝的理由"往往能让客户接受这个现实。

如果客户找你解决问题，而恰恰不是你的管辖范围，或者你没有这个专业能力。有些服务人员往往会说，"我也不知道""这不归我管，你去别处看看吧"。这样的服务人员只会给客户留下一个冷漠、木讷的印象。如果换作"积极语言"的思维，服务人员会这样回答：

第一，您问的这个问题，由技术部的工作人员专门负责解答，请前往 108 室进行咨询。

第二，我们有个非常专业的同事，他擅长这个方面的问题，请您稍等，我为您联系他。

向客户直接说"不"或者指责客户是服务工作中的大忌。只要大家熟练运用这些积极语言技巧并能够真诚地对待客户，与客户之间的异议往往都会迎刃而解。因为当你与顾客交谈的时候，重要的不是你说了什么，而是你怎么说。与客户的互动，注重的是过程，讲话时对他人产生的影响是一种感受却不一定是事实。给客户带来好的感受是服务人员应该追求的理想境界。

（资料来源：王晓望　客户服务技能训练教程，机械工业出版社，2017）

模块 3

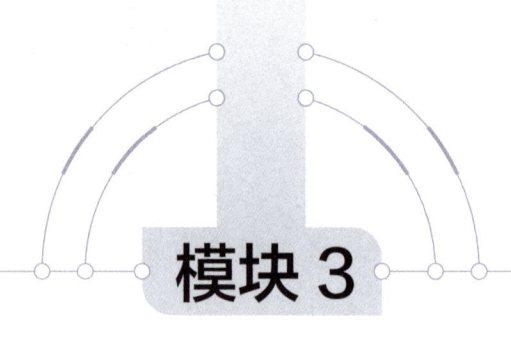

客户服务形象形体礼仪语言

知识要点

- 明确客户服务形象形体礼仪语言的作用
- 熟练掌握客户服务形象形体礼仪语言的特点
- 掌握客户服务形象形体礼仪语言的种类

3.1 形象形体礼仪语言概述

1. 形象形体礼仪语言的含义和特点

在形象形体礼仪语言中,用手势、面部表情、装饰等强调某项重要的理念,会使客户印象深刻,更明确地了解信息。利用形象形体礼仪语言既能恰到好处地表达己方的理念,也能在无形中自然表达己方的理念,对客户的帮助应是强有力的。

(1) 什么是客户服务形象形体礼仪语言

形象形体礼仪语言是相对于口头语言而言的,一般是指人们在交流过程中，在采用口头语言表达的同时，使用的肢体动作、面部表情、仪表服饰、空间距离等方式，完善信息交流沟通的过程。

在形象形体礼仪语言中，信息的内容部分往往通过口头语言来表达，而形象形体礼仪语言常能协助口头语言沟通，在理念表达、情绪反应等方面，直接传送信息，或与口头语言沟通"互补"或"互换"，强化沟通成效。

掌握形象形体礼仪语言的技能包括两个方面：观察对方的非语言信息，适当地发出自己的非语言信息。

就前者而言，如果能敏锐地感受他人发出的信号，并且加以适当的回应，则在人际关系、讨论、谈判及销售拜访上，都能占有优势，还可以从中了解对方的真实意图、情绪，以便能适时采取应对措施，引导出想要的结果。

就后者而言，如果能熟练地运用形象形体礼仪语言，就能在面对客户时更多、更快地表达自己的信息用意，轻松地促成沟通目的。

但是，需要指出的一点是，必须将所有分散的动作加以组合解读，才能准确、完整地理解形象形体礼仪语言的意义。若把一个姿势与其他的身体动作单独解释，不但难以判断，而且就算得到了判断结果，也往往是靠不住的。

（2）客户服务形象形体礼仪语言形式

在人们的日常沟通中，形象形体礼仪语言的影响力相当大！形象形体礼仪语言的形式有：面部表情、肢体举止、仪表服饰、空间距离与触碰等。

面部表情、肢体举止及触碰等，都是身体语言。身体语言是最主要的非语言行为，从头到脚，都可用来表达或传递某种信息，在沟通时不能或不方便用语言阐述时，以非语言动作表示可能更贴切。

一位知名的育儿专家曾这样说过："如果你会用爱的语言教育孩子，不如给孩子一个关爱的眼神；如果你会用关爱的眼神教育孩子，不如给孩子一个爱的微笑；如果你会用爱的微笑教育孩子，不如给孩子一个爱的拥抱。"

儿童心理学家是这样解释与孩子的非语言沟通的：如对孩子表示喜欢、赞许时，可抚摩孩子的头，拍拍孩子的肩，对孩子微笑，挑起大拇指等；对孩子不满时沉默地向他直视一眼等都属于形象形体礼仪语言。肢体语言沟通是普遍的沟通方式之一，我们平时都在自觉或不自觉地使用着。

实际上相当一部分人对倾听信息没什么感觉，但是在与人面对面交流时却神采飞扬，因为交谈中的微笑、手势、体态这些形象形体礼仪语言在一些特定的场合之下往往能表达特定的含义，会改变和调整交谈者的内在和外在的东西。

（3）客户服务形象形体礼仪语言特点

非语言信号所表达的信息往往很不确定，但常常比语言信息更具有真实性、可靠性、隐喻性等，因为它更趋向内心，并难以掩饰。因此，有人认为在沟通过程中，非语言沟通的重要性甚至超过语言沟通。一般认为非语言沟通有六个重要特点。

① 隐喻性

隐喻性是指用非语言的方式可委婉表达语言所不能直接表达的信息，可辅助语言完整地表达信息。也就是通过隐喻，实现任何能够反映言说者对语篇中实体价值的观点及态度。

隐喻作为沟通中的一种常见手法，不仅是一个语言学、修辞学问题，也是形象形体礼仪语言中普遍使用的一种认知方式。隐喻帮助我们构建沟通的多维系统。

例如，护士在护理过程中的形象形体礼仪语言：对手术后的患者投以询问的目光，对年老体弱者投以关爱的目光，对进行肢体功能锻炼的患者投以鼓励的目光，而对不合作的患者投以责备、批评的目光。此时虽没有语言行为，但却更能使患者感到愉快，得到鼓励，或产生内疚。

② 显现性

一个人的形象形体语言信息更多的是一种对外界刺激的直接反应，非语言所蕴含的信息往往都是形象形体礼仪主体内心情感的自然流露，基本是无意识的反应，更具有真实性，尤其是其中的身体语言多数具有先天性或习惯性，常在不知不觉中显现出来，所以，有些人认为非语言信息具有失控性。例如，人们有心事，不自觉地就给人忧心忡忡的感觉。

③ 情境性

非语言行为的研究者认为，对非语言沟通中的信息符号的理解依赖于特定的语境、背景环境，情境左右着非语言符号的含义。相同的非语言符号，在不同的情境中有不同的意义。同样是拍桌子，可能是"拍案而起"，表示怒不可遏；也可能是"拍案叫绝"，表示赞赏至极。

因此，在进行有效沟通的时候要讲究形象形体礼仪语言的背景环境，如恋爱中的男女比较喜欢在安静和浪漫的地方约会，而重要的国际会议等应在相对比较安全、安静和舒适的地方举行。

④ 真实性

英国心理学家阿盖依尔等学者研究发现：当人的语言信号和非语言信号所表达的意义不一致时，人们比较相信的是非语言所代表的意义。其原因可能是人们认为语言信息是受理性意识控制的，容易作假，而非语言信息则不同，非语言信息大多发自内心深处，往往会泄露内心的真实想法与态度，极难压抑和掩盖。如当某人说他毫不畏惧的时候，他的手却在发抖，那么我们更相信他是在害怕。

⑤ 个性化

形象形体礼仪语言所传递的信息，与语言沟通相比可能模糊不清，因为个人的身体语言可能是有意识地传递着的某种态度和信息，也可能是无意识的动作，所以相同的行为可能会有不同的解释与理解。

一个人的肢体语言，同说话人的性格、气质是紧密相关的，爽朗敏捷的人同内向稳重的人的手势和表情肯定是有明显差异的。每个人都有自己独特的肢体语言，它体现了个性特征，人们时常从一个人的形体表现来解读他的个性。

⑥ 连续性

人们的非语言行为，随时随地都在发生，即使我们停止了语言，可眼神、面部表情、肢体动作，还在不断地透露着信息。

明晰形象形体礼仪语言的上述特点，有助于对形象形体礼仪语言的把握。

（4）口头语言沟通与形象形体礼仪语言的比较

形象形体语言和口头语言沟通在人际沟通过程中有相辅相成、支撑有效沟

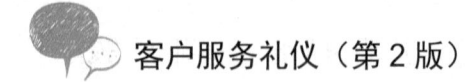

通的效果，二者之间有明显的功效区别。

① 口头语言沟通在词语发出时开始，并以词语结束，可以中断，它利用声音这一渠道传递信息，它能对词语进行控制，是结构化的，并且是被正式传授的；形象形体语言是连续的，表情、动作、空间距离、服饰、触摸、环境布置等信号可以通过视觉、触觉等进行多渠道传递，可以表达情绪、验证信息，形象形体语言绝大多数是习惯性的和无意识的，在很大程度上是无结构的，并且是通过模仿学到的，而不是靠系统学习掌握的。

② 由肢体所展现的"语言"往往能将本人一些未说出口的内容显露出来。当然，有时是有意识的，如演员的表演；有时则是无意识的，甚至是自己无法控制的。在很多情况下，非口头语言表达的也许才是真实的。如当一个人结结巴巴地用英语谈话时，就经常要采用大量手势辅助解释，以便对方理解。

在工作过程中，一方面可用非口头语言的方式向对方发出信息，另一方面也可以通过观察对方的身体语言，以获取更多、更准确的信息。当然，要正确解读身体语言，必须结合多方面的信息才行。

2. 客户服务形象形体语言的本质和礼仪

（1）客户服务形象形体语言本质

形象形体礼仪语言有语言文字所不能替代的作用，一个人的手势、表情、眼神、笑声等都可以说话或传情。所以，形象形体礼仪语言不仅是利用无声语言进行信息交流的一种补充，而且是一种人与人之间的心理沟通，是人的情绪和情感、态度和兴趣的相互交流和相互感应。

① 形象形体礼仪语言伴随着一些非语言行为

如面部表情、身体姿势和空间距离等，这些行为能影响沟通的效果。非语言信息是一种不很清楚的信息，但它往往比语言信息更真实，因为它更趋向于自发和难以掩饰。同样一句话可以因非语言行为的不同而有不同的含义和效果，有人认为形象形体礼仪语言的重要性甚至超过语言的沟通。

② 形象形体礼仪语言可以显示一个人的个性及个性魅力

如身体接触、姿势、眼神交流均可以将自我个性表现给对方，想说服对方时可以用比较有力的手势加强效果；而如果一个人体态语言比较低调，明显会降低一个人语言的说服力。

③ 形象形体礼仪语言是语言沟通的补充和完善

在许多语言沟通无法准确表达的时候，适当利用非语言沟通可以达到更好的效果。

（2）客户服务形象形体语言与礼仪

礼本是为了敬神而出现的，后逐步引申为敬意的通称。它既可以指为表示隆重和敬意而举行的仪式，也可以泛指社会沟通交往中的礼貌、礼节和礼仪，是人们在长期的生活实践中约定俗成的行为规范。

礼仪是指人们在一定的沟通交往场合，为表示相互尊重、敬意、友好而约定俗成的、共同遵循的行为规范和交往程序。从广义的角度来看，礼仪是一系列特定的礼节的集合。它既可以指在较大、较正规的场合隆重举行的各种仪式，也可以泛指人们在社交活动中的礼貌礼节。如正式交往场合对服饰、仪容仪表、举止等方面的规范与要求，或者大型庆典活动、展览会的开幕式、社交宴请，以及迎接国宾的鸣放礼炮等均属礼仪的范畴。

不同的国家和民族，处于不同的时代以及不同的行为环境中，语言表达大相径庭，但是相互尊重与友好、和善、有分寸的基本礼貌要求是一致的，即讲究礼貌、礼节及礼仪是人类社会发展的客观要求，是维持社会生活正常秩序的起码条件。例如，人们在日常工作、学习和生活中，总是难免产生这样或那样的矛盾，如果能够讲究礼貌、相互谅解、相互尊重，矛盾就比较容易得到化解而不至于升级激化。

大量的形象形体礼仪语言的内容实质与社交礼仪密不可分，比尔·盖茨曾经说过这样一句话："企业要内强素质，外塑形象。"企业的每个员工是企业的活体广告，在和外界进行沟通交往时都代表了企业的形象，个人素质的提高可以塑造良好的企业形象，形象就是效益，既是经济效益也是社会效益。

因此，在客户沟通交往中，遵守礼仪规范可以给人以友善、真诚、可信赖的感觉。在共同的礼仪规范背景中，若能给自己和对方以清楚的定位，沟通会更加方便和有效。

3. 客户服务形象形体语言功能和作用

(1) 客户服务形象形体礼仪语言功能

形象形体语言的功能就是传递信息、沟通思想、交流感情。

① 形象形体语言可用来重复言语所表达的意思或加深印象

如人们使用言语沟通时，附带有相应的表情和其他非言语形式。

② 替代语言

我们现在使用的大多数非语言符号经过人类社会历史文化的积淀而不断地传承、演化，已成体系，具有一定的替代有声语言的功能。

有时候某一方即使没有说话，也可以从其非语言符号上，如面部表情上看出他的意思，这时候，非语言符号可起到代替语言表达的作用。

案例 3-1

> **挥手之间**
>
> 散文《挥手之间》（作者：方纪）描述了在抗日战争时期，毛泽东去重庆谈判前与延安军民告别时的动作。"机场上人群静静地站立着，千百双眼睛随着主席高大的身影移动。""人们不知道怎样表达自己的心情，只是拼命挥着手。""这时，主席也举起手来，举起他那顶深灰色盔式帽，举得很慢，很慢，像是在举一件十分沉重的东西，一点一点地，一点一点地，等举过头顶，忽然用力一挥，便在空中一动不动了。"
>
> "举得很慢，很慢"，体现了主席在革命重要关头对重大决策严肃认真的思考过程，同时，也反映了毛泽东和人民群众的密切关系和依依惜别之情，表现了毛泽东的英明果断和一往无前的英雄气概。主席在这个欢送过程中一句话也没有讲，但他的手势动作却胜过千言万语。

许多用有声语言不能传递的信息，却可以通过非语言符号有效的传递。另外，非语言符号作为一种特定的形象语言，它可以产生有声语言所不能达到的沟通效果。在日常工作中，我们也都在自觉或不自觉地使用各种非语言符号来代替有声语言，进行信息的传递和交流。在传递交流信息的过程中，既省去过多的"颇费言辞"的解释和介绍，又能达到"只可意会，不可言传"的效果。

形象形体语言代替有声语言在舞台表演中的作用最为突出。在表演时，完全凭借手、脚、体形、姿势、表情等身体语言，就能够准确地传递特定的剧情信息。需要指出的是，在工作中的人际沟通所采用的非语言沟通方式与舞台表演时的身体语言应当有所区别。在人际沟通中运用非语言沟通方式时，要尽量生活化、自然化，与当时的环境、心情、气氛相协调，如果进行非语言沟通时过分夸张或矫揉造作，只会给别人造成虚情假意的印象，影响沟通的质量，甚至会起到反作用。

③ 伴随语言

非语言符号作为语言沟通的辅助工具，又作为"伴随语言"，使语言表达更准确、有力、生动、具体。

④ 调整和控制语言

借助非言语符号来表示交流沟通中不同阶段的意向，传递自己的意向变化的信息。

（2）客户服务形象形体语言作用

形象形体语言发挥的作用十分重要，结合实际情况，我们把形象形体语言的主要作用归纳为以下几点。

① 强化效果

形象形体语言不仅可以在特定情况下替代有声语言，发挥信息载体的作用，而且在许多场合还能强化有声语言信息的传递效果。如演讲者常用挥拳、鼓掌等动作和一些面部表情来体现语言信息，往往起到加强效果的作用。当领导在会上提出一个远大的计划或目标时，他必须用准确的非语言沟通来体现这个目标的重要性。他应该用沉着、冷静的目光扫视全体人员，用郑重有力的语调宣布，同时脸上表现出坚定的神情。在表达"我们一定要实现这个目标"时，要有力地挥动拳头。在表达"我们的明天会更好"时，要提高语调，同时，右手向前有力地伸展等。这些非语言沟通大大增强了说话的分量，能体现出决策者的郑重和决心。

② 补充作用

形象形体语言能对语言沟通起到补充作用，相对于语言沟通来说，形象形体语言信息量大，能够多方面、多层次地进行信息交流。例如，在面试中，面试官和应聘者的头部动作、面部表情、手势动作、臂部动作、服饰装束、空间距离等都能传递信息，面试官可以从应聘者的点头、微笑、皱眉、手臂交叉、手势动作等获取更多关于应聘者的信息，而应聘者也能从面试官的身体动作、面试场所布置、人际距离等掌握更多用人单位的相关情况及面试官的态度，从而在信息量上弥补面试双方语言交流不足的缺陷，使面试官和应聘者进行更有效的交流。

③ 代替语言

有时候沟通的双方也许并不需要借助语言，只是透过一些肢体动作，就能把喜怒哀乐等信息通过表情体态等形象地显示出来并传递给对方，如表示不屑时的撇嘴，表示无可奈何时的耸肩。患者及其家属常常通过非语言的形式来表达他们内心的状况，如由于疾病而产生的无望、不安、无能或焦虑。一位母亲在患儿的病床边，紧皱眉头，两眼噙着泪水，神经质地搓着双手，这样的动作、表情传递了她内心的焦虑。医生和护士也常通过表情和动作传递他们的紧张、担忧、焦急和厌烦等情绪。

④ 验证作用

语言是沟通主体有意识地精心组织语言的行为，也就是说，语言往往会掩饰真实的情况，可能会言不由衷。相对于语言来说，形象形体语言大多是人们的非自觉行为，具有确定性、失控性和显现性的特点，它所承载的信息往往都是沟通主体内心情感的自然流露，更具有真实性，常在不知不觉中显现出来。尤其是其中的身体语言多数具有先天性或习惯性，一般情况下是人们在无意识的状态下显示出来的，较难改变。从而使其比语言沟通更真实、更可靠、更能

模块 3　客户服务形象形体礼仪语言

真情流露。因而形象形体语言所传递的信息常常可以印证有声语言所传递的信息的真实与否。

若想正确判断一个人的真实思想和心理活动，就要观察他的身体语言而不是有声语言。如焦急等待肿瘤切片报告的患者，可通过观察医护人员进入房间的面部表情获得一些线索，以弄清即将得到的消息的性质。此外，有些患者的手术是成功的，肿瘤已被切除等，但患者仍会仔细观察医护人员的表情以判断医护人员对其病情的真实想法。同样，医护人员在观察患者时，也应注意其语言和非语言信号表达的情感是否一致，以掌握患者的真实心理反应。又如在商务谈判中，可以通过观察对方的言行举止，判断出对方的合作诚意和所关心的目标。

非语言信息能对语言信息的真实性起到验证作用。当非语言信息能验证语言信息时，才是最有效的。

案例 3-2

俄罗斯商人巴卜耶夫是做国际贸易的，熟悉各国语言。

有一次，公司与巴西顾客谈下了一个利润非常丰厚的合作项目。就在签署合同当天，巴卜耶夫生病了，躺在医院里不能下床。于是，他让儿子巴卜耶维奇代替自己签约，这样也算是非常有诚意的做法。

只不过，巴卜耶夫有些担心，对儿子说："你既不了解两家公司谈判的内容，也听不懂巴西语，去了就像个"傻子"一样，虽然有翻译，但我还是怕你将事情搞砸，毕竟交流也是合作的一部分。"

巴卜耶维奇却笑着说："你就放心吧，我们除了说话，还有其他交流方法啊。"巴卜耶夫很奇怪，问："其他交流方法？到底是什么？""现在不告诉你，等回来你看我的结果就知道了。"巴卜耶维奇故作神秘地走了。

至下午时分，巴卜耶维奇志得意满地回到医院，一看就是合同已经顺利签好了。巴卜耶夫更加好奇，问身边的人："他都说了些什么？对方公司满意度如何？"身边的人说："真是奇怪，耶维奇并没说太多，倒是不断在做一个手势，结果，巴西商人对巴卜耶维奇赞赏有加，还让翻译告诉他：'你是个非常有教养的人，是个很好的倾听者'，真不可思议。"

3.2 客户服务形象形体语言的表现形式

听其言，观其行，可以使我们更准确地了解对方的真实感情。我们把非语言沟通的表现形式大致分为面部表情、肢体动作、仪表服饰、空间位置与触碰四个方面。

1. 面部表情

面部表情，是指头部（主要是脸部）各部位对于情感体验的反应动作，可以表现出不计其数的复杂而又十分微妙的表情。一个人的面部神态和表情是非语言沟通中最丰富的源泉，不同语言、文化和国界的人们，借助非语言沟通可传递相似的情感，如幸福、悲伤、愤怒、惊讶等。表情的变化十分迅速、敏捷和细致，可以真实、准确地反映情感、传递信息。

通常我们在判断某个人是谁的时候，一般不会先看四肢及穿着，而是先看他的脸。我们常说的"脸色"，不仅是指静态的长相，而且也包括动态的面部表情。俗话说："看人先看脸，见脸如见心。"面部表情是写在脸上的心。因为在我们的身体上，没有哪一个部位能比脸更富有传情达意的作用，而且脸还具有既真又假、既静又动、既先天定型又自由可为的两重性。

达尔文在《人类与动物的表情》一书中指出，现代人类的表情动作是人类祖先遗传下来的，人类的表情具有全人类性。这种全人类性使得表情成了当今社交活动中少数能够超越文化和地域的沟通手段之一。

1957年，美国心理学家保尔·埃克曼做了一个实验，他在美国、巴西、智利、阿根廷、日本五个国家选择被试者。他拿出一些分别表现喜悦、厌恶、惊异、悲惨、愤怒和惧怕六种情绪的照片让这五国的被试者辨认。结果发现，绝大多数被试者的认知趋于一致。实验证明，不管生活在世界上哪个角落的人，人的面部表情是内在的，这最基本的六种感情的面部表情有较一致的表达方式。因此，面部表情多被人们视为一种"世界语"。艺术家往往会通过对人物面部表情的描绘，来表现人物内心的情绪和情感，真实地展现人物的精神风貌。

中国戏曲中的脸谱就是在演员脸上画出各种图案来表现人物角色的性格和特征的。所以从某种程度上说，脸就是一张反映个人情绪和性格的"晴雨表"。

在服务客户的过程中比较常见的面部表情有挑衅、傲慢、厌烦、不满、着迷、高兴、震惊、惊讶、怀疑、沾沾自喜、同情和气馁。每一个面部表情所代表的意思会在对方用言语表达内心感受之前更加准确地传达给接收者：脸上泛红晕，一般是羞涩或激动的表示；脸色发青发白是生气、愤怒或受了惊吓而异常紧张的表现。脸上的眉毛、眼睛、鼻子和嘴，更能表示极为丰富细致而又微妙多变的神情。皱眉一般表示不同意、烦恼，甚至是盛怒；扬眉一般表示兴奋、惊奇等多种感情；眉毛闪动一般表示欢迎或加强语气；眉毛扬起短暂停留后再降下，表示惊讶或悲伤。

又如在商务谈判中，谈判人员面无表情的时候也是心理活动最难捉摸的时候，这时会使谈判的另一方得不到信息反馈而不知所措，这也是谈判最难进行下去的时候，最后很可能会不欢而散。

各种情绪状态的面部表情，主要体现在眼、眉、嘴、鼻、笑上。

(1) 眼

眼睛是心灵的窗口。目光接触是人际间最传神的非言语沟通。"眉目传情""暗送秋波"等成语形象地说明了目光（眼、眼神交流、眼语）能够最直接、最完整、最深刻、最丰富地表现人的精神状态和内心活动，它能够代替词汇贫乏的表达，促成无声的对话。

形象形体语言中眼神交流（眼语）主要由视线接触停留的时间长度、视线接触的方向和瞳孔的变化三方面组成。

一般人在与客户谈话过程中，听者看着对方，视线接触的时间应占全部时间的30%～60%，超过这一平均值的人，可认为听者对谈话者本人比对谈话内容更感兴趣和更关注；而低于这一平均值的人，则表示对谈话内容和谈话者本人都不太感兴趣。

不同的文化对视线接触时间的长短是有要求的。在中东一些地区，相互凝视为正常的交往方式。在澳大利亚的土著文化中，避免眼睛接触是尊重的表示。当然在大多数的国家，特别是在英语国家，长时间凝视和注视及上下打量对方被认为是失礼的行为，是对私人固有空间或个人势力圈的侵犯，往

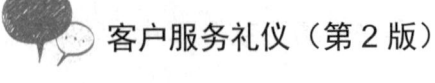

往往会造成对方心理上的不适,但这并不是说在跟他们谈话时,要避免目光的交流。事实上,英语国家的人比中国人目光交流的时间长而且更为频繁。他们认为,缺乏目光交流就是缺乏诚意、为人不实或者逃避责任的表现,但也可能表示羞怯。

视线接触的方向很有讲究。说话人的视线往下(俯视),一般表示"爱护、宽容"之意;视线平行接触(正视),一般表示"理性、平等"之意;视线朝上接触(仰视),一般表示"尊敬、期待"。

瞳孔的变化可以反映人的心理变化。瞳孔的变化不由意志控制。在高兴、肯定和喜欢时,瞳孔必然放大,眼睛会很有神;而当痛苦、厌恶和否定时,瞳孔会缩小,眼睛会无光。

通常透过眼(眼语)可以看出一个人是欢乐还是忧伤,是烦恼还是悠闲,是厌恶还是喜欢。从眼(眼语)中有时可以判断一个人是坦然还是心虚,是诚恳还是伪善。例如,正眼视人,显得坦诚;躲避视线,显得心虚;斜着眼,显得轻佻;瞪大眼睛,表示惊讶;眼光移开或白眼表示轻视或不屑一顾;眨眼表示对某人暗示;双手遮眼表示沉思、困惑或躲避强光。目光可以委婉、含蓄、丰富地表达接受或推却、允诺或拒绝、央求或强制、询问或回答、谴责或赞许、讥讽或同情、企盼或焦虑、厌恶或亲昵等复杂的思想和愿望。眼睛能够恰当地表达人的许多情感,如悲痛、欢乐、委屈、思念、温柔、依赖等。

眼睛是心灵的窗户,目光的接触也是灵魂的接触。读懂了对方的眼语,也就读懂了对方的内心。

(2)眉

眉宇间也能够反映、传递、表达出许多思想及情绪的变化。

当人们感兴趣或有疑问时,眉毛会上挑;当人们赞同、兴奋、激动时,眉毛会迅速地上下跳动;当人们惊恐或惊喜时,眉毛会上扬;当人们愤怒、不满或气恼时,眉毛会倒竖;当人们窘迫、讨厌和思索时,往往会皱眉。其他跟眉毛有关的表情如横眉冷对表示敌意,挤眉弄眼表示戏谑,低眉顺眼表示顺从,扬眉吐气表示畅快,眉头舒展表示宽慰,喜上眉梢表示愉悦。

(3)嘴

在面部表情中,嘴部表情主要体现在口形变化上,口形的改变能反映人的内心。

嘴巴紧抿而且不敢与他人目光相接触,可能心中藏有秘密,此时不愿透露;嘴唇闭拢,表示和谐宁静、端庄自然;嘴唇不自觉地张着(张口结舌),表示疑问、奇怪、有点惊讶,如果全开就表示惊骇;咬嘴唇,表示内疚;嘴唇撇着,表示生气、委屈、不满意;嘴唇绷紧(咬牙切齿),表示愤怒、对抗或决心已定;嘴唇向上,表示善意、礼貌、喜悦;咬住下唇,表示忍耐、痛苦悲伤、无可奈何;当对对方的谈话感兴趣时,嘴角会稍稍往后拉或向上拉。

(4)鼻

厌恶时耸起鼻子;轻蔑时嗤之以鼻;愤怒时鼻孔张大,鼻翕抖动;紧张时鼻腔收缩,屏息敛气。

(5)笑

笑与无表情是面部表情的核心,任何其他面部表情都发生在笑与无表情两极之间。发生在此两极之间的其他面部表情都体现为这样两类情感活动:愉快,如喜爱、幸福、快乐、兴奋、激动;不愉快,如愤怒、恐惧、果敢、痛苦、厌弃、蔑视、惊讶。愉快时,面部肌肉横位,眉毛轻扬、瞳孔放大,嘴角向上,面孔显短,所谓"眉毛胡子笑成一堆";不愉快时,面部肌肉纵伸,面孔显长,所谓"拉得像个马脸"。无表情的面孔,平视,脸几乎不动。无表情的面孔最令人窒息,它将一切感情隐藏起来,叫人不可捉摸,而实际上它往往比露骨的愤怒或厌恶更深刻地传达出拒绝的信息。

微笑是人间最美好的语言,它虽然无声,但表达了高兴、喜欢、同意、尊敬等很多意思,让人感到亲切、温暖、有信心,并且有助于建立彼此的信赖感。真诚的微笑是社交沟通的通行证,它能给沟通、谈话带来融洽平和的气氛。

总之,常见的面部表情含义有:点头表示同意;摇头表示不同意或叹息;昂首表示骄傲;低头表示屈服;垂头表示沮丧;皱眉表示苦恼或困惑;翘首远看,低头下视,表示要看某东西;面无表情表示冷淡;面色苍白表示恐惧;咬嘴唇、皱眉、擦揉面颊表示不安;额头出汗表示热或紧张;侧首表示不服;咬唇表示坚决;撇嘴表示藐视;鼻孔张大表示愤怒;咬牙切齿表示愤怒;神色飞扬表示得意;目瞪口呆表示惊讶;手指置唇表示肃静;手指置鼻部表示气味不佳等。

2. 体势

身体姿势作为一种非语言符号，它是人体语言的核心。在与客户交流过程中，客户的一举一动，都能无声地传递、流露出思想感情、态度和个人修养，通过对体势动作的分析可以判断对方的心理活动或心理状态。

我国传统上是很重视交往中的体势的，认为这是一个人是否有教养的表现，因此素有"站如松，坐如钟，行如风"之说。如果你在沟通过程中想给对方一个良好的第一印象，那么你首先应该重视与对方见面时的体势。如果你和别人见面时，站没有站相，坐没有坐相，耷着脑袋，无精打采，对方一方面会认为你缺乏修养，另一方面会猜想也许自己不受欢迎；如果你不正视对方、左顾右盼，对方就可能怀疑你是否有诚意交往沟通。

如交谈时，身体略微倾向于对方，表示热情、感兴趣；微微起身，表示谦恭有礼；身体后仰，表示若无其事或不在乎；双腿乱抖或不停地换姿势，表示紧张或不耐烦；侧转身子，表示嫌恶和轻蔑；背朝人家，表示不屑理睬；拂袖离去表示拒绝交流。

因此，在交谈时，要注意端正自己的体势，以免给客户留下不利于沟通的印象，而不愿与你打交道。

（1）手臂语

手臂姿势可表示大小、形状、示范现象（如倒下去、压过去、飞上去、沉下去等）。挥手、拍肩、拥抱、轻抚、拉手表示友谊或感谢。推肩、怒目指向某人、揍某人、拍巴掌表示愤怒或挑战。站立或走路时，双臂背在背后并用一只手握住另一只手掌，表示有优越感和有信心。如果握住的是手腕，表示受到挫折或感情的自我控制。如果握住的地方上升到手臂，就表明愤怒的情绪更为严重。

手臂抱胸、叉腰表示自信。手臂交叉放在胸前，同时两腿交叠，常常表示不愿与人接触。而微微抬头，手臂放在椅子上或腿上，两腿交于前，双目不时地观看对方，表示有兴趣来往。

双手放在胸前，表示自己诚实、恳切或无辜。如果双手手指并拢放置于胸前的前上方并呈尖塔状，则通常表示充满信心。

模块 3　客户服务形象形体礼仪语言

（2）手势语

手势是身体动作中最核心的部分。说话时配合适当的手势，有助于内容表达、加强感染力，但动作不当或过分就会令人生厌。

案例 3-3

> **不当的手势**
>
> 　　小李初次拜访潜在顾客秦先生，在与秦先生握手时左手插兜；整个交谈过程中，要么双手交叉抱在胸前，要么不停地用手摸脸、摸脖子、弄头发，兴奋时还双手乱舞差点打到秦先生，给秦先生留下素质差、不尊重人、不成熟和不职业的印象，再也不愿意和小李来往了。
> 　　所以，请随时管好你的双手，手势运用要恰到好处，忌插兜、抱胸、小动作、乱舞、指人等。

　　手势语是各民族通用的，如摇手表示"不"。手势也会因文化而异，如在马路上要求搭便车时，英国、美国、加拿大等国是面对开来的车辆，右手握拳，拇指翘起向右肩后晃动。但在澳大利亚和新西兰，这一动作往往会被看成是不当之举。在人们的日常生活中，有两种最基本的手势：手掌朝上，表示真诚或顺从，不带任何威胁性；手掌朝下，表明压抑、控制，带有强制性和支配性。在日常沟通中其他常见的手势还有：不断地搓手或转动手上的戒指表示情绪紧张；伸出食指，其余的指头紧握并指着对方，表示不满对方的所作所为而欲教训对方，带有很大的威胁性；两手手指相互交叉，两个拇指相互搓动，往往表示闲极无聊、紧张不安或烦躁不安；将两手手指架成耸立的塔形，一般用于发号施令和发表意见，而倒立的尖塔形通常用于听取别人的意见。

　　手势语不仅丰富多彩，而且也没有固定的模式。由于沟通双方的情绪不同，手势动作各不相同，采用何种手势，都要因人、因物、因事而异。

（3）腿部语言

　　站立时两腿交叉，往往给人一种自我保护或封闭防御的感觉；相反，说话时双腿和双臂张开，脚尖指向谈话对方，则是友好交谈的开放姿势。

架腿而坐，表示拒绝对方并保护自己的势力范围；而不断地变换架脚的姿势，是情绪不稳定或焦躁、不耐烦的表现；在讨论中，将小腿下半截放在另一条腿的上膝部，往往会被人理解为辩论或竞争性姿势；女性交叉上臂并架脚而坐，有时会给人以心情不愉快甚至生气的感觉。

笔直站立，上身微前倾，头微低，目视对方，表示谦恭有礼，愿意听取对方的意见。坐着的时候无意识地抖动小腿或脚后跟，或用脚尖拍打地板，表示焦躁、不安、不耐烦或为了摆脱某种紧张感。顿足、抖手、咬指甲、手压物、玩纽扣、坐立不定表示不安。坐姿、立姿、行进可显示出教养、气度。手舞足蹈、跳跃、双手用手指呈 V 字形，表示欢欣或成功。

3. 仪表服饰

仪表、服饰本身是不会说话的，但是服饰的"无声的语言"有时候会直接影响别人对自己的第一印象。衣着体面地参与会议或晤谈，表示尊重对方；衣饰随便赴会，除非双方很熟或行为仓促，否则一般而言是表示不重视。

我们不能以貌取人，但在社会交往中，沟通对象会根据服饰判断一个人的品味、受教育的程度、社会地位、性格和素质等各方面的信息，也象征一个人的身份和地位。如从一个人的衣服样式可以知道此人究竟是时尚还是传统；从颜色可以知道此人性格是外向的还是内向，或者此人是否沉稳。

通过服饰整体搭配，可以判断其职业化成熟度，进而影响进一步交谈的可能性及效果等。因此，仪表、服饰不当，会给客户造成沟通的障碍。

实操训练

1. 游戏：形象形体语言

（1）游戏目的：证明形象形体语言有时完全可以通过肢体动作完成，而且同样行之有效；证明通过手势和其他非语言的方法完全能够实现人与人之间的交流。

（2）游戏形式：全体学员，2人一组。

（3）游戏时间：10分钟。

（4）游戏要求。

① 向对方介绍自己。一方先通过非语言的方式介绍自己，3分钟后双方互换。

② 在向对方进行自我介绍时，双方都不准说话，整个介绍过程必须全用动作完成，大家可以通过图片、标识、手势、目光、表情等非语言进行沟通。

③ 请大家通过口头沟通的方式，说明刚才通过肢体语言所表达的意思，与对方的理解进行对照。

（5）相关讨论。

① 你用肢体语言介绍自己时，表达是否准确？

② 你读懂了多少对方用肢体语言表达的内容？

③ 对方给了你哪些很好的线索使你了解他？

④ 我们在运用非语言沟通时存在哪些障碍？

⑤ 我们怎样才能消除或削弱这些障碍？

（选自：王建民，管理沟通理论与实务，中国人民大学出版社，2005）

2. 测试

你了解身体语言吗？

（1）当一个人试图撒谎时，他会尽力避免与你的视线接触。（对/错）

（2）眉毛是一个传达感情状态的关键线索之一。（对/错）

（3）所有的运动和身体行为都有其含义。（对/错）

（4）大多数身体语言交流是无意识行动的结果，因而是个人心理活动的最真实流露。（对/错）

（5）在下面哪种情况下，一个人最可能采用身体语言交流方式？

　　A. 面向15~30个人发表演讲

　　B. 与另外一个人进行面谈

（6）当一位母亲严厉斥责她的孩子，而又面带微笑时，孩子将会：

　　A. 相信语言信息

B. 相信身体语言信息

C. 同时相信两种信息

D. 两种信息都不相信

E. 变得迷惑不解

（7）如果你坐在图 3-1 所示的位置 1 的时候，那么另外一个人坐在哪个位置能够最充分地显示出合作的姿态，并最有利于非语言交流？

```
        5              4
   6                      3
        1              2
```

图 3-1 座位图

（8）如果你想表示要离开，那么你将采用什么样的动作？请写下来。

（9）别人对你的反应取决于你通过交流留给他们的印象。（对/错）

（10）下面哪些举动能使你给人留下更好的印象？

A. 谈话中不使用手势

B. 避免较长的视线接触

C. 仅偶然地露出微笑

D. 上述所有动作

E. 不包括上述任何动作

（11）身体语言交流相对于口头交流或局面交流有许多优势，你能列举出一些吗？

参考答案

题 号	答 案	说 明
（1）	错	因为人们已变得更加难以预料。"撒谎者不敢看他人的眼睛"已成为一般常识，所以狡猾的撒谎者常常能够在双目直视你的情况下撒谎，要识别谎言，就需要捕捉其他更能说明问题的信号。
（2）	对	我们的眼睛是最能表达内心活动的面部因素之一，另一个则是嘴唇。
（3）	对	我们可能并没有在每一个姿势中都有意地去传达某种信息，但这些动作和姿势却不可避免地落在对方眼里并产生一定的感想。
（4）	对	通过身体语言，可以发现别人的心理活动，这一点是专家的共识。

模块 3　客户服务形象形体礼仪语言

续表

题　号	答　案	说　明
（5）	A	当面对 15~30 个人讲话时，你需要对 15~30 双眼睛和嘴唇做出反应。这将比只与一个人面谈更能刺激你使用身体语言交流。
（6）	E	尽管身体语言信号（微笑）比语言信号（责骂的语句）有更强的作用，但两者的混合导致的结果将是迷惑不解的。
（7）	6	位置 1 和位置 6 之间有桌角相隔，两个人可以随时调整自己与桌角的距离，从而改变两个人之间的距离。因此，在谈判中，坐在位置 1 和位置 6 的两个会较少地受空间环境的影响，更易于非语言交流。
（8）		最好的信号是有意无意地用眼睛扫一下你的手表、站起身来，在慢慢站起来时拍拍大腿、慢慢地挪向门附近或是靠在门框上等。
（9）	对	因为我们总是根据别人给我们的整体印象做出反应，其他人对我们的反应也是同样的。
（10）	E	当你自然地使用手势、目光接触、微笑等身体语言时，会给别人留下好的印象。
（11）		身体语言给你的印象更深刻，它们有助于传达真诚、信任等语言交流所达不到的效果；它们能够传达更微妙的言外之意；身体语言信息有助于我们洞察他人的真情实感。当然，身体语言信息也存在一些严重的缺陷；它们可能会泄露我们的秘密；它们很容易被误解；它们的含义因不同的文化背景而不同；它们可能需要长时间地重复进行才能被人理解。

（资料来源：张喜春，刘康声，盛暑寒，人际交流艺术，北京交通大学出版社，2009）

案例与思考

一个微小举动

某城市电台的一位主持人时常经过一个地下通道，见到一个男孩坐在通道的一角弹着吉他唱歌。男孩总是戴着一副墨镜，显然是个盲人。他的歌唱得很好，并且唱的大多是人们喜欢的一些歌曲。主持人为了听他唱歌，常常走得很慢，等他一曲唱完，便走到他跟前放下一点零钱再离开。

有一天下雨了，男孩唱的是主持人很喜欢的《光辉岁月》。她就站在那里听，男孩唱得很投入，她也被他的投入打动了。他唱完的时候，她像往常一样，在他的琴袋里放下零钱。这时，男孩突然抬起头说："谢谢你，谢谢你多次给我的帮助。我还要谢谢你，你每一次经过的时候，都是蹲下来往我的琴袋里放钱。我在这里唱了 3 年的歌，你是唯一一个蹲下来放钱的人。我听得出你走路的声音,你总是轻轻地蹲下来,轻轻地离去,虽然我的眼睛看不到你。"她很吃惊。他摘下墨镜,一双很大的眼睛,却没有光泽。他又说:"我就要离开这座城市了,今天我在这里就是为了等你来。我想在我临走的时候唱一首歌给你。"

男孩子调了一下琴弦,轻轻地唱起了《我的眼神》。歌曲很优美,令人感动。

一点小事,一个微小的举动,看起来微不足道,不算什么,但在人际沟通中所带来的刺激和影响却不小。

(资料来源:张喜春,刘康声,盛暑寒,人际交流艺术,北京交通大学出版社,2009)

思考分析

(1)形象形体语言在服务客户过程中发挥着怎样的作用?

(2)本案例对你有什么启示?

模块 4

客户服务语言交际艺术

知识要点

- ▶ 运用恰当的客户服务语言艺术去交谈
- ▶ 运用恰当的客户服务语言艺术去说服
- ▶ 运用恰当的客户服务语言艺术去拒绝
- ▶ 运用恰当的客户服务语言艺术去提问
- ▶ 运用恰当的客户服务语言艺术去回答

4.1 学会交谈

在造就一个有修养的人的教育中,有一种训练必不可少,那就是优美、高雅的谈吐。交谈是交流思想和表达感情最直接、快捷的途径。在人际交往中,因为不注意交谈的语言艺术,或用错了一个词,或多说了一句话,或不注意词语的色彩,或选错话题等而导致交往失败或影响人际关系的事时有发生。因此,在交谈中必须遵从一定的规范,才能达到双方交流信息、沟通思想的目的。语言作为人类的主要交际工具,是沟通不同个体心理的桥梁。交谈的语言艺术包括以下几个方面。

1. 准确流畅

在交谈时如果词不达意、前言不搭后语，很容易被人误解，达不到交际的目的。因此在表达思想感情时，应做到口音标准、吐字清晰，说出的语句应符合规范，避免使用似是而非的语言。应去掉过多的口头语，以免语句割断；语句停顿要准确，思路要清晰，谈话要缓急有度，从而使交流活动畅通无阻。

语言不仅要准确流畅还要让人能听懂，因此言谈时尽量不用书面语或专业术语，因为这样的谈吐让人感到太正式、受拘束或是理解困难。

案例 4-1

> 古时有一则笑话，说有一书生，突然被蝎子蜇了，便对妻子喊道："贤妻，速燃银烛，你夫为虫所袭！"他的妻子没有听明白，书生更着急了："身如琵琶尾似钢锥，叫声贤妻，打个亮来，看看是什么东西！"其妻仍然没有领会他的意思，书生疼痛难熬，不得不大声吼道："快点灯，我被蝎子蜇了！"真是自作自受。

2. 委婉表达

交谈是一种复杂的心理交往，人的微妙心理、自尊心往往在交谈时起重要的控制作用，触及它，就有可能产生不愉快。因此，对一些只可意会、不可言传的事情，人们回避忌讳的事情，可能引起对方不愉快的事情，不能直接陈述，只能用委婉、含蓄、动听的话去说。常见的委婉说话方式有：

（1）避免使用主观武断的词语。如"只有""一定""唯一""就要"等不带余地的词语，要尽量采用与人商量的语气。

（2）先肯定后否定。学会使用"是的……但是……"这个句式，把批评的话语放在表扬之后，就显得委婉一些。

（3）间接地提醒他人的错误或拒绝他人。

3. 掌握分寸

谈话要有放有收，不过头，不嘲弄；谈话时不要唱"独角戏"，不要夸夸其谈、忘乎所以，要让别人有说话的机会；说话要察言观色，注意对方情绪，对方不爱听的话少讲,一时接受不了的话不要急于讲。开玩笑要看对象、性格、心情、场合,一般来讲,不随便开女性、长辈、领导的玩笑,一般不与性格内向、多疑敏感的人开玩笑,当对方情绪低落、心情不好时不开玩笑,在严肃的场合、用餐时不开玩笑。

4. 幽默风趣

交谈本身就是一个寻求一致的过程,在这个过程中常常会因不和谐因素的出现而产生争论或分歧。这就需要交谈者随机应变,凭借机智消除障碍。幽默可以化解尴尬局面或增强语言的感染力。幽默建立在说话者富有高尚情趣、较深的涵养、丰富的想象、乐观的心境、对自我智慧和能力自信的基础上,它不是耍小聪明或耍嘴皮子,它能使语言表达既诙谐又入情入理,体现着一定的修养和素质。

有一位作家邀请几位朋友到饭店欢宴。酒菜齐全,唯独白米饭久等不来。经一催二催之后,仍不见白米饭踪影。作家很无奈,待服务小姐入室上菜之际,戏问道:"怎么饭还不来,是不是稻子还没收割?"服务小姐眼都没眨一下,答称:"还没插秧呢!"本是一个不愉快的场面,经服务小姐妙答,举座大乐。

5. 使用礼貌语言

在人际交往中,少不了问候、称呼等一些礼貌之词,下面我们介绍三个方面的社交专用语。

(1) 礼貌用语

问候的语言:早上好!您早。晚上好。晚安。
致谢的语言:谢谢你!多谢了!十分感激!
拜托的语言:请多关照!承蒙关照!拜托!
慰问的语言:辛苦了!受累了!麻烦你了!
赞赏的语言:太好了!真棒!美极了!
谢罪的语言:对不起!实在抱歉!劳驾!真过意不去!请原谅!
同情的语言:太忙了!不得了啦!这可怎么是好!
挂念的语言:身体好吗?怎么样?还好吧?

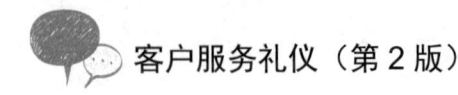

理解的语言：只有如此！深有同感，所见略同。

祝福的语言：托你的福！你真有福气！

（2）礼貌称呼

称别人的父母、儿女、亲戚时，加上"令"或"尊"字，如尊翁、令堂、令郎、令爱、令侄等。

称别人的年龄时，用贵庚、尊庚、芳龄、高龄、高寿等。

称别人的姓名时，用贵姓、大名、尊讳等。

称别人的住处时，用尊府、府上、尊寓、华居等。

称别人的意见时，用高见等。

称别人的神态、相貌时，用风采等。

（3）社交专用语

初次见面说"久仰"，好久未见说"久违"；

请人批评说"指教"，求人原谅用"包涵"；

请人帮忙说"劳驾"，请给方便用"借光"；

麻烦别人说"打扰"，向人祝贺道"恭喜"；

求人解答用"请问"，请人指点用"赐教"；

看望别人用"拜访"，宾客来到用"光临"；

陪伴朋友用"奉陪"，中途先走用"失陪"；

等候客人用"恭候"，请人勿送用"留步"；

欢迎购买用"光顾"，归还原物说"奉还"；

对方来信叫"惠书"，老人年龄称"高寿"；

自己诗画送人看，常道"斧正"或"雅正"；

每事办完道"谢谢"，别人求谅"没关系"。

6．禁用的语言

说话可以体现一个人的身份、修养和受教育的程度，因而交谈时，一定要注意使用文明优雅的语言。对下列这些语言，是绝对不能用的。

（1）脏话

有的人讲话，总是口带脏字，骂骂咧咧，这种人非但不文明，而且常自我贬低，十分低级无聊。

（2）粗话

有些人总想显示自己的粗犷，出言必粗，如把姑娘叫"小妞"，把有名的人叫"大腕"，把吃饭叫"撮一顿"等，好讲粗话的人，不仅非常不文明，而且有失自己的身份。

（3）混话

说混话者喜欢把绯闻、艳事、色情、男女关系等事挂在嘴边，说话"带色"，这种人不仅显示了自己的无聊，而且也不尊重交往对象。

（4）黑话

黑话，是指流行于黑社会的行话。有的人为了显示自己见过世面，显示自己的霸气，常常喜欢讲一些黑话，以此来吓唬人。事实上，这种人匪气十足，令人反感，很难让人对他产生信任的感觉。

（5）气话

气话，即说话时闹意气、泄私愤、图报复、指桑骂槐。在交谈中说气话，不仅不利于交往，而且易得罪别人。在与人交谈前，如果对对方有不良情绪，最好不要开口讲话。

（6）怪话

有的人说话，总是怪里怪气，或耸人听闻，或黑白颠倒，让人不能辨其话的真伪。这种人往往想以自己的"怪"来征服别人，但结果却让人产生厌烦和不信任的感觉。

7．语言要准确

在交谈中，只有做到语言准确，才能够真正实现双向沟通的目的。下面的问题需要引起重视。

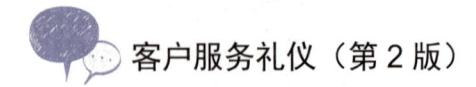

（1）发音要准确

发音准确，有三重含义：一是发音要标准，不能念错字让人误会或笑话；二是吐字要清晰，不要口齿不清、含含糊糊；三是音量、语速要适中。

（2）内容要简明

在交谈时，语言要力求简单明了，少讲废话。应长话短说，不要没话找话说。另外，讲话要注意中心，不要节外生枝，任意发挥，不着边际。

（3）行话、隐语少用

有一些青年喜欢讲貌似流行的"行话""隐语"，讲这些话时，如果在场的有听不懂的人，则易造成误会和隔阂。再者，这些即名不见经传，又道不出所以然来，有时候说这些话语反而有失自己的身份。

（4）方言土语要慎用

如果在交谈时，对方并非家人、乡亲，则注意不要使用他们听不懂的方言和土语。即便是其中只有一个人听不懂，也不能采用方言、土语，以免使其产生被排挤、冷落之感，硬要这样做，就是对对方的不尊重。

（5）外语不乱用

在通常的交谈中，应当讲中文，讲普通话。如果没有外国人在场，则不要乱用外语。在与国人交谈时使用外语，别人不仅不会说你水平高，反而觉得你是一个虚伪并好卖弄的人。

4.2 学会说服

1. 说服的基本条件

说服就是改变或者强化态度、信念或行为的过程。说服是以求得对方的理解和行为为目的的谈话活动，是使自己的想法变成他人行动的过程。说服的过程是思想、观点的交锋，也是沟通的重要方面。说服是以人为对象，进而达成共同的认识。人们常说"人生，就是从不间断的说服"，尤其是在商务领域，那里聚集着各种性格的人，为了达到共同的目标，大家必须同心协力，因此说服的场面更是俯拾皆是。所以说人生就是不间断的说服也并不过分。只有善于说服的人才能够获得他人的尊重和信赖。要想取得良好的说服效果，必须具备以下条件。

（1）说服者具有较高的信誉

说服进行的基础，是取得对方的信任。而信任，来自于说服者的信誉。信誉包括两大因素：可信度与吸引力。可信度高、吸引力强的人，说服效果明显超过可信度低、吸引力弱的人。可信度由说服者的权威性、可靠性及动机的纯正性组成，是说服者内在品格的体现。吸引力主要指说服者外在形象的塑造。说服者的年龄、职业、文化程度、专业技能、社会资历、社会背景等构成的权力、地位、声望就是权威性。俗话说"人微言轻，人贵言重"，一般来说，一个人的权威性越大，对别人的影响力也就越大。如果说服者在被说服者心目中形成了某种权威性形象，那么他说服别人转变态度的可能性也就更大。要提高说服者的信誉，就要先提高说服者自身各方面的素质，使之具有合理的智能结构、高尚的道德修养、权威性和可靠性，这样说服者的话才有分量、有威信，才能赢得听者的尊重和信赖。此外，还需重视外在形象的整饰，一个外貌、气质、穿着、打扮能给人好感的人，才具有吸引力；一个言谈、举止、口音等方面能与对方体现出共性的人，才具有吸引力。一个恰当的印象产生的首因效应，能帮助说服者成功说服他人。

（2）对说服对象有相当的了解

"知己知彼，百战不殆"，在说服他人之前，必须了解说服对象，捕捉对方在思想、态度方面流露出的点滴信息，摸清对方思想问题症结所在，了解对方的心理需求，根据不同情况区别对待，因人而异，有针对性地开启对方的心扉，才能真正实现情感和心灵的共鸣，避免或减少盲目说服造成的错位反应。

首先，要了解对方的性格。

苏洵在《谏论》中举了一个有趣的例子。有三个人，一个勇敢，一个胆量中等，一个胆小。将这三个人带到深沟边，对他们说："跳过去便称得上勇敢，否则就是胆小鬼。"那个勇敢的人必定毫不犹豫地一跃而过，另外两个则不会跳过深沟。如果你对他们说，跳过去就奖励两千两黄金，这时那个胆量中等的人就敢跳了，而那个胆小的人却仍然不敢跳。如果突然来了一头猛虎，咆哮着猛扑过来，这时不待你给他们任何许诺，他们三个人都会先你一步腾身而起，就像跨过平地一样跨过深沟。从这个例子中我们可以看出，不同性格的人接受他人意见的方式和敏感程度是不一样的，有针对性地采取不同的方法去说服对方更容易达到我们的目的。

其次，要了解对方的优点或爱好。

有经验的推销员，一进入顾客家中，总会立刻找到客户感兴趣的话题进行交谈。例如，看到地毯，马上会说："好漂亮的地毯，我也很喜欢这种样式……"通过各种话题创造进入主题的契机。因为从对方的长处或最感兴趣的事物入手，一方面能让对方比较容易接受你的观点；另一方面在对方擅长的领域里更容易说服他。

最后，要了解对方的看法和态度。

有一位歌星特别爱摆架子，有一次她要参加一个大型义演的现场节目，时间是晚上九点。可是到了晚上七点，这位歌星忽然打电话给唱片公司的总监，说她今天身体不舒服，喉咙很痛，要临时取消当天的演出，唱片公司的总监没有破口大骂，而用惋惜的口吻说："咳！真可惜，这次演出最大牌的歌星才有机会亮相，如果你现在取消，那么公司里还有很多小牌歌星挤破头在等哩！可是如果换了人，电视台一定会不满，你这样做恐怕不妥吧！"歌星听后小声地说："那好吧！要不你八点来接我，我想那时我身体应该会好一点儿吧。"这个唱片公司的总监很清楚这位歌星根本就没什么毛病，只是喜欢摆摆架子，找准对方拒绝的真实原因，进而有针对性地进行说服，就会有事半功倍的效果。

（3）能够把握住说服的最佳时机

说服还要能够抓住最佳时机。同样一番道理，彼时说可能不如此时说，现在说可能不如以后说。时机把握得好，对方才会愿意听，才会用心听，才能听得进。否则，说服过早，会被对方认为神经过敏或无中生有；说服过迟，已时过境迁，对方会认为你是"事后诸葛亮"，这时你即便有再好的口才、再好的意见，都不可能收到预期的效果。掌握时机，就是要将说服对象与时、境、理联系起来考虑，配合起来运用。可利用特定场合，造成境、理相衬，进行深入说服；可利用境中道情、情中说理等方式，进行委婉说服；还可借助眼前事物，进行暗示说服。

（4）必须营造良好的说服氛围

说服总是在一定的语言环境中进行的。环境制约了语言，因此，说服效果的好坏一定程度上也取决于环境。一个宽松、温和、优雅的环境较之肃穆、压抑、逼人的环境，其说服的效果自然会好得多；在一个自己熟悉的地点环境中施行说服，较之在陌生的环境中施行说服，自然也会有利得多。营造一种恰当的说服氛围，不仅是必需的，而且是必要的。某饮料生产厂得罪了一家餐馆的经理，对方就改换销售另一品牌。在直接和负责人谈判无果的情况下，销售人员天天晚上去这家餐馆里帮忙搬运货物，甚至包括竞争对手生产的饮料。他总是说："你是我的老顾客了，即使你不销售我们公司生产的饮料，我也要为你服务。"他的诚意终于打动了经理，最后争取到了这家餐馆独家销售权。由此可见，充分体验对方的感受，会营造出融洽的感情，在此基础上再委婉地提出自己的观点，怎么可能不赢得对方的赞许呢？

2. 说服的语言艺术

（1）换位思考，晓以利害

要站在对方的立场考虑问题，理解并同情对方的思想感情，从对方的角度说明问题，让对方体验你的思想感情，进而使他改变自己的看法，达到理想的说服效果。

案例 4-2

1977年8月，恐怖分子劫持了美国环球公司从纽约拉瓜得亚机场到芝加哥奥赫本机场的一架班机，劫持者与机组人员僵持不下，飞机兜了一个大圈，越过蒙特利尔、纽芬兰、沙浓、伦敦，最终降落在巴黎市郊的戴高乐机场。在这里，法国警察打爆了飞机的轮胎，使飞机不能起飞。

飞机在戴高乐机场停了3天，劫机者同法国警方僵持不下，法国警方向劫机者发出最后通牒："喂，伙计们！你们能够做你们想做的任何事情，但美国警察已到了。如果你们放下武器同他们一块儿回美国去，你们将会被判处2~4年徒刑。如果你们在监狱表现的好，也许10个月左右之后就会被释放。"

法国警察停顿片刻的目的是让劫机者将这些话听进去。接着法国警察又喊："但是，如果我们不得不逮捕你们的话，按我们的法律，你们将被判死刑。那么你们愿意走哪条路呢？"劫机者被迫投降了。

案列分析

本例中，法国警察在劝说中帮助劫机者冷静地分析客观形势，明确地向对方指出了两条道路：投降或者顽抗，投降的最好结果是10个月左右的徒刑，而顽抗的结果只可能是死刑。面对这两条迥异的道路，早已心慌意乱的劫机者识相地选择了弃械投降，这符合劫机者的利益，是他们的正确选择。

（2）稳定情绪，再行说服

在生活中，有些人在受到种种因素的刺激后，很容易感情用事，不经过慎重周全的考虑就莽撞地采取行动。鉴于这种情况，我们应该先设法让对方的情绪稳定下来，然后提出比贸然行事更合理、更有利的举措，这样就能使对方冷静地斟酌、衡量，并为了更大限度地维护自身利益而抛弃原来草率的决定。

案例 4-3

俄国十月革命以后，农民得到了解放，成千上万的农民来到莫斯科。因为农民对沙皇的仇恨很深，所以他们坚决要求烧掉沙皇住过的房子。有人把这件事汇报给了列宁。列宁指示干部们对农民进行说服教育。第一次劝告，农民们不听；第二次、第三次的劝说仍然无效。最后列宁决定亲自和农民们谈话。

列宁对农民们说："烧房子可以，但在烧房子以前，让我讲几句，行不行？"

农民们说："请列宁同志讲。"

列宁问道："沙皇的房子是谁用血汗造的？"

农民们说:"是我们自己造的。"

列宁又问:"我们自己造的房子不让沙皇住,让我们农民代表住,好不好?"

农民们说:"好!"

列宁再问:"那要不要烧掉呀?"

农民们觉得列宁讲的道理很对,不再坚持要烧掉沙皇住过的房子了。

案列分析

案例中,对沙皇的仇恨激发了农民焚烧皇宫的强烈愿望。在数次劝说无效后,列宁通过与农民对话使他们的情绪稍稍平定,然后提出让农民代表住沙皇的房子的建议,农民认识到这个方案不仅能发泄愤怒,而且可以给自己带来实际的好处,于是很快表示赞同,"烧房子"的决定也因此而"搁浅"。

(3)位置互换,改变角色

让对方改变位置、变化角色,是一种十分有效的说服方法。在美国,频繁的车祸使交通部门很头痛。他们用罚款和其他法律手段来劝肇事者注意安全,但收效甚微。后来,交通部门在专家们的建议下,采纳了一个新的办法,他们让那些违章司机换个"位置"——换上护士服,到医院去照料那些因交通事故住院的受害者,体验他们的痛苦。结果收到奇效,那些违章司机从医院出来后判若两人,他们不仅成为遵守驾驶规章的模范,而且成了交通法规的积极宣传者。在进行说服谈话时,利用这种方法也能收到奇效。

(4)讲究方式,引起关注

在说服时,要选择能够引起对方关注和兴趣的方式表达意见,要运用富有吸引力的内容支撑你的观点,从而引导说服对象关注设定的话题,让对方充分了解说服的内容。第二次世界大战期间,国际金融家萨克斯想让罗斯福批准某项实验。第一次他使用了很多罗斯福听不懂的专业术语,全面介绍了实验成果可能产生的影响,但是罗斯福被冗长的谈话弄得很疲倦,他的反应是想推掉这件事。萨克斯第二次面对罗斯福时,改变了说话的方式,他对罗斯福说:"我想向您讲一段历史。早在拿破仑当权的时候,法国正准备对英国发动进攻,一个年轻的美国发明家富尔顿来到了这位法国皇帝面前,他建议建立一支由蒸汽机舰艇组成的舰队。拿破仑有了这支舰队,无论在什么天气情况下,都能在英国登陆。'军舰没有帆能航行吗?'这对于那个伟大的科西嘉人来说,简直是不可思议的。拿破仑把富尔顿赶了出去。根据英国历史学家阿克顿爵士的意见,这是由于敌人缺乏见识而英国得到幸免的一个例子。如果当时拿破仑稍稍多动一点儿脑筋,再慎重考虑一下,那么 19 世纪的历史进程也许会是另一个样子。"罗斯福听完萨克斯的话,立即同意采取行动。由此可见,选择能引起说服对象关注的内容和方式,就会取得不同的效果。

(5) 以情动人,以理服人

在表达某种意见时,用诚挚而令人感动的语气说出来,会让别人的心更容易被征服。要说服别人,有时激起对方的情感比激起对方的理性思考更为有效。有些孩子做错了事,往往任何斥责都听不入耳,但母亲动人肺腑的痛哭,反而会使其泯灭的良心复苏。如果在说服他人的时候,仅仅着眼于主题突出、例证充足、声音动听、姿态优美,而说出的话冷冰冰的,那肯定不能奏效。要想感动别人,就得先感动自己,要将真诚通过自己的情感、声音输入听者的心底。说服还要通过摆事实、讲道理来使人相信、赞同你的观点和主张。唐太宗为了扩大兵源,想把不在征调之列的中年男子都招入军中。丞相魏征知道后对他说:"把水淘干了,不是得不到鱼,但明年恐怕就不会有鱼了;把森林烧光了,不是猎不到野兽,但明年恐怕就无兽可猎了。如果中年男子都招入军中,生产怎么办?赋税哪里征?兵员不在多,关键在于是否训练有素、指挥有方,何必求多呢?"唐太宗无言以对,只好收回了成命。魏征借用两件与主要事件相类似的事例作比喻,既形象又深刻地阐明了不能把中年男子都调入军中的道理,入情入理的说服让唐太宗心服口服。

4.3 学会拒绝

拒绝,是对他人意愿、行为的一种直接或间接的否定。实际上,拒绝就是不接受,包括不接受对方希望你接受的观点(意见)、礼物和要求等。工作和生活中人们总是互有所求，而且要求方往往是被要求方的亲朋好友，甚至是恩人、领导。俗话说，"上山擒虎易，开口求人难"，设身处地地想，应当尽量接受别人提出的各种要求。但是，也有许多要求是不能接受的。如果不能拒绝那些不能接受的要求，就一定会给自己（也终将给对方）带来无尽的烦恼。生活反复地证明，"当断不断，必受其乱"，我们必须学会拒绝。对于对方提出的问题，如果很直接地说"这种事情恕难照办""我实在没有钱借给你""我们每天都一样的工作，凭什么要我来帮你的忙"……那不难想象，对方一定会恼羞成怒。因此，我们必须学会根据不同情况运用不同的拒绝艺术。

1. 拒绝的基本要求

（1）认真听

认真倾听对方的请求，并简短地复述对方的要求，以表示确实了解了对方的需求。拒绝的话不要脱口而出，即使当对方说了一半，我们已明白此事非拒绝不可，也必须凝神听完他的话，这样可以让对方知道我们的拒绝不是草率的，是在认真考虑之后才不得已而为之的。尤其要避免在对方刚开口时就断然拒绝，不容分辩的拒绝最易引起对方的反感。

（2）看情势

拒绝同其他交际一样，要审时度势，要看是否有拒绝的必要性和可能性。从必要性角度看，自己的道德准则不能接受的，没有能力接受的、接受后会给自己带来不愿承受或无法承受的损失的、接受后可能给对方带来麻烦或损失的要求应当拒绝；如不至于如此，或对对方有利而自己受一些能够承受的损失的要求则应当接受。从可能性角度看，要考虑自己拒绝的能力，如果一个要求自己无理由拒绝，或拒绝后会带来更严重的后果，则最好接受。

（3）下决心

如情势需要拒绝又有可能拒绝，就应当下定决心拒绝，着力克服三大心理障碍：一是抹不开情面，碍于对方的面子，总觉得不好意思拒绝。二是怕对方怪罪，怕因为对方怪罪而影响双方今后的交往，甚至影响自己的利益（如不能得到对方的帮助等）。三是怕旁人议论，怕别人说自己不够朋友、不够意思等。

如果必须拒绝，这些考虑都是不必要的和有害的。

（4）态度好

不要在他人刚开口时就断然拒绝，不要对他人的请求流露出不快的神色，更不要蔑视和忽略对方，这些都会让对方觉得你对他没有诚意，从而对你的拒绝产生逆反心理。无论是听对方陈述要求和理由，还是拒绝对方并说明缘由，都要始终保持和蔼亲切的态度，让对方了解自己的拒绝是在认真考虑后不得已而为之的。

（5）措辞柔

感谢对方在需要帮助时想到你，并略表歉意。对于他人的请求无能为力，或迫于情势而不得不拒绝时，一定要记得加上"真对不起""实在抱歉""不好意思""请多包涵""请您原谅"等致歉语，这样一来，便能不同程度地减轻对方因遭拒绝而受到的打击，并舒缓对方的挫折感和对立情绪。但是不要过分地表示歉意，这样会给对方留下不诚实的印象，因为如果你真的感到非常抱歉，就应该答应对方的请求。

（6）直言"不"

对于明显不能办到的事，应该明白直接地说出"不"字。"说得多不如说得少"，言简意赅、要言不烦是最有效的方法，模棱两可的说法易使对方抱有幻想，引发误解，当最终无法实现时，对方会觉得受到了欺骗，由此引起的不满和对立情绪往往更加强烈。"当断不断"，其结果只能是害人又害己。

（7）理由明

不要只用一个"不"字就让对方"打道回府"，而应给"不"加上合情合理的注解，让对方明白，自己的拒绝不是毫无理由的，更不是找借口搪塞，而是确有无可奈何的原因或难以诉说的苦衷，讲明自己的处境，最好具体说出理由及原委，那么，在将心比心之下，对方自然就能体谅你的言行了。说明理由是为了让对方明白我们的拒绝是确有难以说出的苦衷。当你说明理由后，对方试图反驳，你千万不可与之争辩，只要重申拒绝就行了。不过，如果你觉得拒绝的理由不充分，也可以直接拒绝不说明理由，或者只用一些"这咋办呢？""真伤脑筋"之类的话回答，但是千万不可编造理由，因为谎言终究会被揭穿。

（8）择他途

在拒绝对方的要求的同时，如果能够通过尽量满足对方其他方面的合理要求来作为补偿，或是积极地替他出谋划策，建议他选择或寻求更好的途径和办法，这样就可以减缓对方因我们的拒绝而产生的瞬时不快情绪，缓解对方的被动局面，也可以表明我们的诚意，让对方体会到你的火热心肠、殷切期待，更易得到他人的谅解、友谊与好感。例如，"要是明天的话，我大概可以去一趟""真对不起，这件事我实在爱莫能助，不过我可以帮你做另一件事"等。

2. 拒绝的语言艺术

在社交场合中，同样是表达拒绝的意思，却有不同的说法。陈秀泉在其主编的《实用情境口才——口才与沟通训练》（科学出版社，2007年版）一书中提到，从语言技巧上说，拒绝有直接拒绝、婉言拒绝、诱导拒绝、幽默拒绝、回避拒绝、模糊拒绝、附加条件拒绝、沉默拒绝等方法。具体如下。

（1）直接拒绝

直接拒绝就是将拒绝之意当场讲明。采取此法时，应当避免态度生硬，并需要把拒绝的原因讲明白，有时还可以向对方致歉。例如，"对不起，谢谢，这样做对我不合适""对不起，这次我真的无法帮忙"。

（2）婉言拒绝

婉言拒绝就是运用委婉的语言，暗示对方自己无法完成请求。例如，有一位朋友不请自到，而此时你正忙于工作无法接待，可以在见面之初，一面真诚地对其表示欢迎，一面婉言相告："我本来要去参加公司的例会，可您这位稀客驾到，我岂敢怠慢，所以专门告假5分钟，特来跟您叙一叙。"这句话的话外音就是暗示对方只能谈5分钟时间。

（3）诱导拒绝

诱导拒绝就是采用诱引方法让对方自己感悟到，或者直接诉说出拒绝的理由。

案例 4-4

> 1945年富兰克林·罗斯福第四次连任美国总统。《先锋论坛报》的一位记者采访他，请他谈谈这次连任的感想。罗斯福没有回答，而是很客气地请这位记者吃一块三明治，记者觉得这是殊荣，便十分高兴地吃了下去。总统微笑着又请他吃第二块三明治。他觉得是总统的恩赐，情不可却，又吃了下去。不料总统又请他吃第三块三明治，他简直受宠若惊，虽然肚子里已不再需要了，但还是勉强吃了下去。哪知道罗斯福在他吃完之后又说："请再吃一块吧。"记者一听啼笑皆非，因为他实在吃不下去了。罗斯福微笑着说："现在，你不需要再问我对于这四次连任的感想了吧，因为你自己已经感觉到了。"

（4）幽默拒绝

幽默拒绝就是用幽默的语言表达拒绝的意思。比如，有朋友请我们帮忙，可以说："啊，对不起，今天我还有事，只好当逃兵了。"来看一个例子，在一次外交部新闻发布会上，一位记者问发言人关于国家领导人的健康状况。发言人回答："他健康状况良好。"另一位记者穷追不舍，问是在医院里还是在家里？发言人回答："我不知是你有这样的嗜好，还是贵国有这种习惯，在身体健康的时候住在医院里，身体不好时反而待在家里。"发言人以轻松幽默的方式回答了问题，令对方相形见绌，同时又达到了不伤害对方感情的目的。

（5）回避拒绝

回避拒绝就是答非所问，就是表面上看在回答问题，但实际上说的都是空话，没有任何实质信息。当遇上他人过分的要求或难答的问题时，便可使用这种方法。

比如有人问你："在某问题上，你支持老王还是老李？"你回答："谁正确我就支持谁。"对方又问："那谁是正确的一方？"你回答："谁坚持真理谁就是正义的一方。"到底支持谁？你并没有进行正面的回答。

（6）模糊拒绝

模糊拒绝就是不直接拒绝，而是通过与对方请求相关的话题表明自己的态度。钱钟书是我国著名作家，他的作品《围城》享誉海内外。有一位英国女士特别喜欢钱钟书，当她来到中国后，就给钱钟书先生打电话，说想拜见他，钱钟书先生在电话中说："假如你吃了一个鸡蛋觉得不错，又何必要亲自去看那只下蛋的母鸡呢？"钱钟书用生动的比喻做了模糊的回答，委婉地拒绝了英国女士见面的要求。

（7）附加条件拒绝

附加条件拒绝就是先顺承对方的意思，然后附加一个事实上不可能的或无法达到的条件。有一次，意大利音乐家帕格尼尼为了赶到一家大剧院演出，急急忙忙跨上一辆马车，他一边催车夫快点，一边向车夫问价。"先生，你要付我10法郎。"马车夫知道他是大名鼎鼎的音乐家，便有意讹诈他。"你这是开玩笑吧？"帕格尼尼吃惊地问道。"我想不是。今天人们去听你一根琴弦拉琴，你可是每人收10法郎啊！我这个价格不算多。""那好吧，我付你10法郎，不过你得用一个轮子把我送到剧院。"音乐家帕格尼尼要求车夫用一个轮子把他送到剧院，这是根本不可能做到的，因此便起到了拒绝勒索的作用。

（8）沉默拒绝

沉默拒绝就是在面对难以回答的问题时，暂时中止发言，一言不发，或者运用摆手、摇头、耸肩、皱眉、转身等身体语言来表示自己拒绝的态度。礼貌地拒绝对方的方法还有很多，如让步拒绝法、预言拒绝法、提问拒绝法等，其实无论选择什么拒绝方法，关键要表明态度，同时做到不伤害对方感情、保护自身形象就可以了。

4.4 学会提问

在社交活动中，提问往往是交谈的起点，是把话题引向深入的方式之一。因此，会不会问、该怎么问、问什么，都直接影响着交际的效果。

1. 提问的作用

中医讲的望、闻、问、切在人际交往过程中同样适用。提问者必须掌握察言观色的技巧，学会根据具体的环境特点和谈话者的不同特点进行有效的提问。提问有以下三个作用。

（1）有利于把握回答者的需求

通过恰当的提问，提问者可以从回答者那里了解更充分的信息，从而对回答者的实际需求进行更准确的把握。

（2）有利于保持沟通过程中双方的良好关系

当提问者针对回答者的需求进行提问时，回答者会感到自己是对方关注的中心，他（她）会在感到被关注、被尊重的同时，更积极地参与到谈话中来。

（3）有利于掌控沟通进程

主动提问可以使提问者更好地控制对话沟通的进度，以及今后与回答者进行沟通的总体方向。一些经验丰富的提问者总是能够利用有针对性的提问来逐步实现自己的询问目的和沟通目标，并且还可以通过巧妙的提问来保持友好的关系。

2. 提问的原则

（1）提问对象的辨识

提问应因人而异，即从对方的年龄、身份、职业、性格及不同的民族文化背景出发，选择不同的提问方式和技巧。

（2）提问场合的敏感性

提问要注意场合，比如在厕所里一般不适合高谈阔论；在办公室里，当对方很忙或正在处理一些急事时，不宜提琐碎无聊的问题；当对方伤心或失意时，不宜提太复杂、太生硬或者是可能引起对方不愉快的问题。注意场合还要考虑对方的回答，比如一位中学生很想去游泳，但他父母不让去，如果你当着他父母的面问他："去游泳吗？"这位中学生可能会因为怕他父母而会给你一个虚假的回答，但如果换个场合提问，他可能会说"去游泳"。

（3）提问目的的鲜明性

在提出疑问时，要带有鲜明的目的性。或者为了寻找答案，或者为了引导对方进一步说明问题，或者作为问题的假设和可能……这些都可以是提问的目的。鲜明的目的能够让提问变得有效；然而，鲜明并不等于完全的直接，在某些情况下，通过旁敲侧击反而会比直接询问更有效果。此外，还应注意在旁敲侧击的时候，一定要紧扣提问的目的，不能迷失于连环的询问中。

（4）提问方式的多样性

在提问过程中，不要拘泥于一种提问方式，单一的提问与回答的形式会使沟通变得不自然、不活跃，会影响回答者的思考模式。提问的方式要多样，要根据不同的沟通内容、沟通目的、环境，使用不同的提问方式。例如，提前给出问题，让回答者进行准备，有利于获得相对完整和系统的回答；在现场沟通中进行提问，则可以得到直接而相对真实的回答。此外，连环式的提问具有引导作用，跳跃式的提问则可以开拓思维，设问式的提问可以以问为答，反问式的提问具有权势的威压，等等。

（5）提问语言的简明性

提问的语言不宜过长，要通俗、干净、利索，不要拖泥带水、含糊其辞，同时应具有启发性和诱导性。提问中的语言必须能为对方所理解，同时要注意提问中不要提一些"是不是""对不对"等不需要动脑、冲口而出的问题，这样会得不到正确的或者提问者想要的答案。

（6）提问难度的量力性

提出的问题要与沟通的内容相关，不要出现风马牛不相及的问题，也不要出现重复的"错问"；同时，提出问题的难度要具有量力性，必须考虑到沟通对象的年龄特征、知识水平和接受能力。一般来说，低难度的问题是针对较为具体的特殊的事例，中难度的问题是一些抽象的带有一般规律性的问题，高难度的问题是以开放式为特征，考量回答者的综合素质。在对群体提问时，难度应控制在中等水平，以大多数的回答者经过思考能够回答为前提，既不要过于简

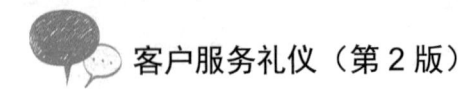

单，也不要过于困难。

（7）提问留余地的艺术

提问一定要留有余地，以免伤害别人。拉尔夫·尼科斯基博士对此作了四点概括：一是忌提明知对方不能或不愿作答的问题；二是用对方较适应的"交际传媒"提问，切不可故作高深、卖弄学识；三是不要随意搅扰对方的思路；四是尽量避免你的发问或问题引起对方的"对抗性选择"，即要么避而不答，要么拂袖而去。

3. 提问的方式技巧

（1）直接提问法

直接提问法是指提问者从正面直接提问，开诚布公、干脆利落、直截了当地讲明询问目的，开门见山地提出问题。

在运用直接提问法时要注意情感的铺垫，使对方心理上舒缓一些，也能合作一些，同时防止提问过于直白的问题，以免显得过于生硬，容易造成询问对象的心理抗拒，难以获得有价值的信息和材料，而且还会给人一种笨嘴拙舌的感觉。

（2）限定提问法

人们有一种共同的心理——认为说"不"比说"是"更容易和更安全，所以，在一般沟通过程中，提问者向回答者提问时，应尽量设法不让对方说出"不"字来。提问者在问题中给出两个或多个可供选择的答案，此时可采用限定提问法，即两个或多个的答案都是肯定的。例如，与别人约会，有经验的提问者从来不会问对方"我可以在今天下午来见您吗？"因为这是只能在"是"或"不"中选择答案的问题。如果将提问方式改为限定型，即改问："您看我是今天下午2点钟来还是3点钟来？""3点钟来比较好。"当对方说这句话时，提问的目的就已经达到了。

（3）迂回提问法

迂回提问法是指从侧面入手，采用聊天攀谈的形式，然后逐步将问答引上正题。这种提问方式一般时间性不太强，谈话也不受特定场合与报道方式的限制。当沟通对象感到紧张拘束，或者思想有所顾虑不大愿意交谈，或者虽然愿意交谈却一时不知该怎么谈的情况下，提问者可以采取侧面迂回的提问方式，逐渐将谈话引上正题。应当明确的是，旁敲侧击只是一种手段而不是目的。因此，聊天的内容应当是有目的、有选择的，表面上似乎和采访无关，实质上应该是有关联的。

（4）诱导提问法

当遇到询问对象了解许多信息，却因谦虚不大愿意说，或者由于性格内向不会说，或者要谈的事情需要一番回忆，或者对方想说又不便自己主动说明情况时，都可以采取诱导提问法。采用启发诱导的方式，可以引导对方的思路，又可以诱发对方的情感，进一步引导对方明确沟通的范围和内容，渐渐打开对方的"话匣子"，也可以激活对方的思路，引起对方的联想，从而有针对性地把沟通对象掌握的信息引导出来。

（5）追踪提问法

追踪提问法是指提问者根据事物的矛盾法则，抓住重点，循着某种思路、逻辑，进行连珠炮式的提问。这种提问既要按照事物的内在联系把基本情况和事实真相了解清楚，又要抓住重点，深入挖掘，达到应有的深度。一般来说，提问者对于触及事物本质的关键性材料，以及对方谈话中的疑点，或者从对方谈话中发现的有价值的新情况、新线索，往往会抓住不放，打破砂锅问到底，直至水落石出。但是追问，既要使对方开动脑筋，又要让对方越谈越有兴趣，态度、语气都要与谈话的气氛协调一致，不要把追问变成逼问，更不要变成变相"审问"。

（6）假设提问法

假设提问法是指提问者通过假设的方式提出一些假设性的问题，是一种"试探而进"的提问方法。这种提问方法采用"如果""假如"一类的设问方式，不但可以了解采访对象的观点、看法和见解，而且还能深入了解对方的内心世界。

假设提问法往往用来启发沟通对象的思路，引导对方说出他对某个问题、某件事情的真实想法，或者设身处地地为对方着想，积极帮助对方回忆某种情

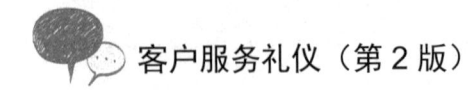

境，或者用来调节对方的情绪，促使对方谈出一些不大想说、不大好说的事情或想法，或者由提问者对人物或事物进行合乎规律的推断、预测，促使对方产生联想和想象，或者提问者已经有了一定的认识，再提出一些假设性的问题，同沟通对象展开讨论，使自己的认识更深化。

（7）激将提问法

激将提问法是指以比较尖锐的问题适当地刺激对方一下，促使对方的心态由"要我说"变为"我要说"，从而不能不说，甚至欲罢不能。在运用激将提问法时，提问者要考虑自己的身份是否得当，刺激的强度是否适中，还要考虑谈话的气氛是否合适。有些时候尖锐、刁钻、奇特，甚至古怪的提问，是"兵行险招"，成则大成，败则大败。例如，某些西方政治家，也喜欢接待善于用激将提问法的记者，他们通过巧妙地回答记者的刁钻刻薄的提问，在公众面前显示自己的才能。

（8）错问提问法

错问提问法是指以误求正，即指提问者故意提出错误的问题，以考察、试探、激发采访对象，以便了解真实的材料，探求事实真相。需要注意的是，运用错问提问法可能会造成采访对象的某些误解。因此，在沟通结束时，提问者应当说明原因，消除误解，以免留下"后遗症"。

（9）插入提问法

插入提问法就是在沟通过程中，做必要而适当的插入。如重复、强调采访对象说的某个重要问题或某句关键性的话；纠正对方的口误；对方没有讲全，需要及时补充的内容；对方没有谈到，需要及时提醒的内容；尚未听清、听懂的话，等等。在沟通过程中，插入提问法可以使沟通双方有效地抓住有价值的材料。

（10）协商提问法

协商提问法以征求对方意见的形式提问，诱导对方进行合作性的回答。

在协商提问的时候，一般是针对某个既定的事实进行确认，但是不要使用强硬的语气，这样回答者会更容易接受。在协商提问中，即使有不同意见，也能使沟通双方保持融洽的关系，双方仍可进一步洽谈下去。

（11）转借提问法

转借提问法是指提问者假借他人之口提出自己想提的问题。这种提问，不但可以借助第三者提出一些不宜面对面提出的问题，而且可以显示出问题的客观性，增强提问的力度。回答者为了澄清事实，以正视听，也往往会表明自己的态度或提供相关的事实。

提问的方法丰富多样，提问者可以根据沟通时的具体情况，灵活地加以运用。同时，这些方法既是相对独立的，又是互相联系的。它们可以单独使用，也可以交替或交叉使用。在掌握了每种方法的要领后，就可以在沟通的过程中运用自如，获得最佳的沟通效果。

4.5 学会回答

1. 回答的作用

回答问题是沟通过程中的重要环节之一，有效的回答需建立在对提问者的观察、了解的基础之上。有效的回答具有以下三个作用。

（1）有效回答问题能够使提问者的疑问得到解答

当提问者提出问题时，或许期待关于沟通话题的更多内容，或许希望与回答者就某些问题展开辩论。回答的作用就是解答提问者的疑问，通过成功解答问题增强回答者讲话的说服力，使对方不但能获得信息，而且心悦诚服。

（2）有效回答问题能够使回答者获得进一步的展示

回答者在回答问题时，使自己继续处于讲话者的角度，拥有提问者所不具备的优势，通过回答的系统性与连贯性，使回答者自身的能力与学识获得进一步的展示，进而获得提问者的认可。

（3）有利于减少与沟通者之间的误会

在与提问者沟通的过程中，很多回答者都经常遇到误解提问者意图的境况，不管造成这种境况的原因是什么，最终都会对整个沟通过程造成非常不利的影响。因此，回答者应该根据实际情况进一步了解和弄清提问者的真正意图，然后根据具体情况采取合适的方式进行解答，以减少沟通中的误会。

2. 回答的原则

正如在讲话过程中要把握要点一样，在回答过程中对回答要点的把握也同样重要。如果无法做到这一点的话，回答者就会失去说服听众、主导话题的重要机会。因此，在问答的过程中，尤其是回答问题的过程中，回答者要始终坚持三条原则，进而把握住话语的主动权。

（1）始终保持回答者的信用

回答者要确保自己在回答每个问题时都保持严肃认真、谦虚礼貌的态度。正确的态度会带来鲜明的回答内容与性格，从而使回答者保持自信。如果回答者在提问者的心目中失去信用，那么在整个沟通过程中都将处于被动的局面。如果回答者在解答问题的过程中情绪失控或者对听众心存戒备，那么回答者的主导地位将受到质疑。

（2）用回答来满足听众

面对众多的提问，回答者不必回答所有问题，也不要在一个人身上花费太多时间，不过很可惜，大部分回答问题的人都希望从所有听众那里看到满意和赞许的眼神，于是刻意地将时间花在一个提问者身上，从而忽视了对其他人、其他问题的解答机会。因此，回答者在面临很多个问题的时候，要学会用一种可以平衡所有对象的方式来解决问题，眼神不要在一处停留时间太长，要保持对整个会场的关注。对问题太多的人可以说："你问了一个非常有深度的问题，可是因为许多听众都有需要解答的问题，我回答问题的时间又非常有限，所以可不可以把机会让给别人？"这样既不失礼貌，又能使正常的进程得以继续。

(3) 力求获得其他听众的支持

问答过程要让提问者获得持续的尊重，也要给予回答者一定的时间和耐心。如果一次被问到过多的问题，如"我怎样才能解决人员不足、空间不足、老板也没有给予我足够信任的问题？"则回答者可以这样回答："你问了3个非常好的问题，可是因为还有其他听众要提问，就让我先回答一个吧，如果我们还有时间再来解决剩下的问题好吗？"以这种方式，即使你只回答了其中部分问题，仍然能够使听众满意，并且听众将会对回答者产生敬意，因为没有让一个人独占大家有限的时间。

如果回答者被问到一个偏离主题的问题，那么回答者可以停顿一下，然后问："在座的其他人还有类似的问题吗？"如果没有，就简要地回答一下这个问题，并且告诉提问者自己很愿意在讲话结束后留下来同他进一步探讨这个话题，这个办法在回答那些不怀好意的提问者时也很有效。

3. 回答的三种方式

回答的方式技巧很多，我们介绍以下几种方式。

（1）针对性回答

有时问题的字面意思和问话人的本意不是一回事，我们回答时，不仅要注意问题的表面意义是什么，更要认清提问人的动机、态度、前提是什么，从而使回答更具有针对性。例如，在某专科学校的一次期末考试中有一个学生违反考试纪律夹带小抄被监考老师抓住了，其班主任前来求情。于是，就有了这样一段对话："他反正又没看上，你高抬贵手饶了他这一回吧。"监考老师回答："国家明文规定，私自藏匿枪支属于违法行为。如果有人私自藏匿枪支却并未杀人，算不算犯罪呢？"班主任哑口无言。

（2）艺术性回答

这里所说的艺术性回答包括避答、错答、断答、诡答。

① **避答**，这种方式用于对付那些冒昧的提问者所提的问题。有时，某些问题自己不宜回答，但对方已经把问题提到面前了，保持沉默显然被动，就可以

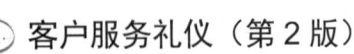

避而不答。有位外国演员来到上海，有人问她："你准备什么时候结婚？"她笑着说："如果我结婚，就到中国度蜜月。"由于婚期是个人隐私，她自然不愿吐露。她虽然没有说明婚期，却说结婚到中国度蜜月，既遮掩过去，又表现了她对中国人民的友谊。

② 错答，是一种机警的口语表达技巧，既可用于严肃的口语交际场合，也可以用于风趣的日常口语交际场合。它的主要特点是不正面回答问话，也不反唇相讥，而是用话岔开问话人所问的问题，做出与问话意见错位的回答。请看下面的例子：一个美丽的姑娘独自坐在酒吧间里，从她的装扮来看，她一定出身豪门。一位青年男子走过来献殷勤，"这儿有人坐吗？"他低声问。"到阿芙达旅馆去？"她大声地说。"不，不，你弄错了。我只是问这儿有其他人坐吗？""你说今夜就去？"她尖声叫道，表现得比刚才还激动。许多顾客愤慨而轻蔑地看着这位青年男子。这位青年男子被她弄得狼狈极了，红着脸坐到另一张桌子旁的座位上。

上面的例子是很典型的错答，是用来排斥对方和躲闪真实意思的交际手段，用得很成功。运用错答的语言技巧，一是要注意对象和场合；二是使对方明白，既是回答又不是回答，潜在语是不欢迎对方的问话；三是有时要利用问话的含混意思，答话虽模棱两可，似是而非，但对方也可以理解。

③ 断答，就是截断对方的问话，在对方还没有说出，或者还没有说完某个意思时，即做出错答的口语交际技巧。它与错答的相同点是答与问都存在人为的错位，即答非所问；它们的不同点是，错答是在听完话之后做的回答，断答是没有听完问话就抢先回答。为什么不等对方问清楚，就要抢先回答？有以下两种原因：一是等对方把问话全说出来，就会泄露出某种秘密，难以收拾；二是待听全问话再回答，就会比较被动，不好应付。因此，知道对方要问什么，在他的问话未说完时，就迅速按另外的思路回答，一可以转移其他听众的注意力；二可以使问者领悟，改换话题，免于因说破而造成尴尬的局面和其他不良后果。一对青年男女在一起工作，男方对女方产生了爱慕之情，男方急于向女方表白心意，女方却不愿让友情向爱情方面发展，认为还是不要说破，保持一种纯真的朋友情谊为好。于是就出现了下面的断答。

男青年：我想问问你，你是不是喜欢……

女青年：我喜欢你给我借的那本公关书，我都看了两遍了。

男青年：你看不出来我喜欢……

女青年：我知道你也喜欢公共关系学，以后咱们一起交换学习心得？

男青年：你有没有……

女青年：有啊！互相切磋，向你学习，我早就有这个想法了。

男青年：……

这位女青年三次断答，使男青年明白了她的想法，于是便不再问了，这比男青年直接问出来之后，女青年当面予以拒绝的效果要好得多。

④ **诡答**，是与诡辩连在一起的回答。诡是怪的意思。诡答，即一种很奇怪的回答。在特殊情况下，不能、不宜或不必照直回答时急中生智，用诡答技巧，做出反常的回答，既增添了谈话的情趣，又应付了难题。清朝乾隆年间的进士纪晓岚在宫中当侍读学士时，要陪伴皇帝读书。一天，天色已亮，而乾隆皇帝还没来，纪晓岚就对同僚说："老头子还没来？"恰巧乾隆皇帝跨门而入，听到他的话，就面带愠色地责问："老头子三个字作何解释？"纪晓岚急中生智，跪下道："皇上万寿无疆叫做'老'；皇上乃国家之首，顶天立地叫做'头'；皇上系真龙天子，叫做'子'"。乾隆听了龙颜大悦。"老头子"本来是一种对老年人不尊敬的称呼，面对乾隆的责难，为了开脱自己的罪责，纪晓岚采用文字拆合法来偷换概念，居然把"老头子"变成了对皇帝的敬称。试想，如果纪晓岚不是运用诡辩的方法来应付这道难题，又怎么能避免一场杀身之祸呢？

（3）智慧性回答

智慧性回答包括否定预设回答和认清语意诱导回答两种。

① **否定预设回答**。预设是语句中隐含着使语句可理解、有意义的先决条件。在正常情况下，这种先决条件的存在是不言而喻的，如"鲁迅先生是哪一年去世的？"这个问话包含的预设是：鲁迅先生已经去世。预设有真假之别，符合实际的预设是真预设，反之就是假预设。就问话而言，其预设的真假关系到对问话的不同回答。黑格尔在《哲学史讲演录》中谈到古希腊诡辩学派时曾讲过这么一个例子。有一位诡辩学派的哲学家问梅内德谟："你是否已经停止打你的父亲了？"这位哲学家提此问题的目的是要迫使从未打过自己父亲的哲学家陷入困境，因为无论梅内德谟做出"停止了"还是"没有停止"的回答，其结果都是承认自己打过父亲的虚假的预设。可见，利用虚假预设可以设置语言陷阱。有些智力测试题提问陷阱的设置也是如此。1992年1月3日，中央电视台《天

地之间》节目中"乐百氏智慧迷宫"里有道智力测试题为:"秦始皇为什么不爱吃胡萝卜?"选手们都答不上来。此问题预设了"秦朝时有胡萝卜""秦始皇吃过胡萝卜"这两点,将思考点定在"为什么不爱吃"上,其实秦朝时还没有胡萝卜,所以最好的回答应是:秦朝还没有胡萝卜,秦始皇当然也就说不上爱不爱吃胡萝卜了。

② 认清语意诱导回答。人们在理解语言时会受已有经验的影响,会自然而然地产生某种语意联想。例如,由"春天"二字会想到桃红柳绿、万紫千红;由"冬天"二字又会想到寒风凛冽、白雪皑皑;由"晚霞"二字能想到色彩的绚丽;由"群山"二字就能想到山势的起伏……既然普遍存在着语意联想,那么就可以利用语意联想来设置陷阱,诱导目标进入思维定式的困境。例如,在一条没有星星、看不见月亮的路上,有一个盲人身着黑衣在步行。在他的后方,一辆坏了前灯的汽车奔驰而来,奇怪的是,司机在未按喇叭的情况下,却安全地将车停在了盲人的身后。这是怎么回事呢?见到"星星"或"月亮"这些词语,我们一般都会联想到晚上。因为出现了"星星""月亮""黑""灯"等字眼,我们就很容易与"黑夜"联系起来,而这正是本题的陷阱。它通过这些词语诱导你的思维走向"黑夜",那样的话,你就会山穷水尽,百思也难得其解了。答案应是:这是白天,毫不奇怪。

语言诱导这种陷阱在智力测试提问中随处可见,知道这种陷阱的特征,有些问题就很容易解答了。

实操训练

1. 模拟训练

通过本训练,一是让学生运用所学的语言交际礼仪方法和技巧与他人交流,提高口头表达能力;二是让学生掌握发表个人见解的方法和策略,在公众场合具备敢于说话的勇气和胆量。

基本组织思路是：模仿电视说话类节目，如模仿央视《对话》节目的形式，组织学生进行主题谈话训练。可从以下方面着手。

（1）将学生 10～15 人划分为一组，每组选出 2 名选手参加交谈训练，其他同学作为听众参加评议；

（2）谈话过程中，主持人和选手也可以和听众进行互动，方法和规则可视现场情况作出规定，目的是调动全体学生的参与意识，保持现场气氛活跃。

（3）教师和同学先确定交谈的话题，可以采用教师出题或学生出题等方式，然后从中优选。话题的选择应与同学的学习、生活，兴趣爱好紧密联系，学生有话便可说，不会造成冷场。话题应包含较丰富的信息和多维的价值取向，有利于发挥学生的个人体验和独立思考能力。

（4）教师担任沟通活动的主持人，通过提问、询问、转问、串接、引申等多种方式，引导和调动场上、场下的交谈气氛，掌握和控制活动的节奏和进展。

（5）如果有条件可以进行全程录像，活动结束，结合录像回放进行分析，教师和同学共同进行点评、总结。

（资料来源：张波，口才与交际，机械工业出版社，2008）

2．业务洽谈演练

学生 A 扮演某交电公司营业部经理，学生 B 扮演某品牌燃气热水器推销员。两人所在公司原来并无业务往来，两人也是首次因业务打交道。当此品牌产品在市场上供大于求时，B 到 A 处了解情况并推销 B 方的产品，而且希望今后建立长期的业务往来关系。

要求：运用所学的日常沟通技巧，灵活巧妙地与对方洽谈，并尽可能地寻求最大的社交效益。

3．交谈语言技巧自我测试

请回答以下问题以确定你与他人交流中的优缺点。选择符合的项即得相应的分数。1分，从不这样；2分，很少这样；3分，有时这样；4分，经常这样；5分，每次都这样。

（1）与人交谈时，我发言时间少于一半。

（2）交谈一开始我就能看出对方是轻松还是紧张。

（3）与人交谈时，我想办法让对方轻松下来。

（4）我会有意识地提些简单问题，使对方明白我正在听，而且对他说的话题感兴趣。

（5）与人交谈时，我会留意消除引起对方注意力分散的因素。

（6）我有耐心，对方发言时不打断人家。

（7）在我的观点与对方不一样时，我会努力理解对方的观点。

（8）我不挑起争论，也不卷入争论中。

（9）即使我要纠正对方，也不会批评他。

（10）在对方发问时，我会简要回答，不作过多的解释。

（11）我不会突然提出令对方难答的问题。

（12）与人交谈时，前30秒钟我就能把自己的用意说清楚。

（13）当对方不明白我想表达的意思时，我会把自己的意思重复或换句话说一次，或者是总结一下。

（14）我每隔一定时间会询问对方，以确保他听懂我的意思。

（15）当我发现对方不同意我的观点时，就会停下来问清楚他的观点，等他说完之后，我才针对他的反对意见发表我的看法。

将以上各题的得分相加，得出总分。结论如下。

60～75分：你与人交谈的技巧很好；

45～59分：你的交谈技巧不错；

35～44分：你与人交谈时表现一般；

35分以下：你的交谈技巧较差。

通过以上测试找出自己语言交谈的薄弱环节，努力改进自己的谈话技巧，三个月后再进行测试，看有多大的提高。

（资料来源：张岩松，公关交际艺术，中国社会科学出版社，2006）

案例与思考

提问

国内某大型制药企业要招聘一个高级营销经理。由于事先已经做了筛选，来参加面试的只剩下两位候选人。面试由该企业华中区大区王总经理亲自担任主考官，在半小时里，他对第一位候选人问了三个问题。

问题一：这个职位要带领十几个人的队伍，你认为自己的领导能力如何？

问题二：你在团队工作方面表现如何？因为这个职位需要到处交流、沟通，你觉得自己的团队精神好吗？

问题三：这个职位是新近设立的，压力特别大，并且需要经常出差，你觉得自己能适应这种高压力的工作吗？

候选人是这样回答三个问题的：

回答一：我管理人员的能力非常强。

回答二：我的团队精神非常好。

回答三：能适应，非常喜欢出差。

思考分析

（1）你觉得主考官的提问是否存在问题？

（2）如果你是主考官，你将怎样提问？

模块 5

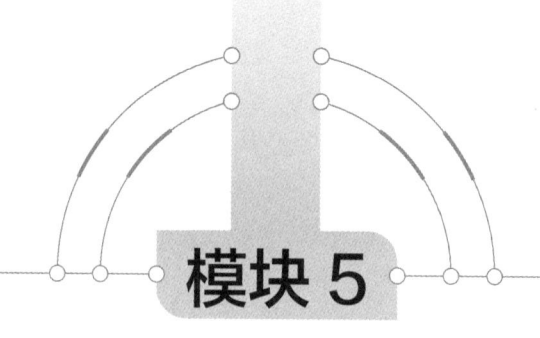

客户服务工作礼仪

知识要点

- ▶ 熟练掌握工作中与上司、平级、下级相处的礼仪
- ▶ 明确工作中的办公礼仪
- ▶ 熟练掌握工作中与客户相处的原则、礼仪、技巧

5.1 工作中的同事礼仪

人在职场,我们每天至少有三分之一的时间是在工作中度过的,营造一种愉快的工作环境,从工作中获得快乐与满足,是每个职场中人所向往和追求的,因为只有这样,才有助于事业的成功。因此,现代人在工作中必须讲究与上司、同事、下级等的相处艺术,讲究办公室礼仪。

1. 与上司相处的艺术

在一个工作单位里,最重要的人际关系非与上司的交往莫属,因为上司可以提拔自己也可能处分自己。为了自己的事业有良好的发展空间,员工一定要学会与上司相处的艺术。

（1）日常交际礼仪

员工在日常工作中，见到上司要主动打招呼。如果距离较远，不方便呼叫，则可注视之，目光相遇，点头示意；近距离时，用礼貌用语问候上司，如"王经理，您好"；进上司办公室前，应先敲门，通报姓名，得到上司允许方可入内；与上司在一起时，言谈举止都要表现出应有的尊重和礼节。如与上司谈话时，如果自己是坐着的，上司是站着的，就应该站起来，请上司就座，而不应该毫不在乎地坐在那里。

（2）工作礼仪

工作中与上司的交往礼仪主要表现在汇报工作与执行工作上。在汇报工作时要注意自己的仪态。汇报时，表情应该自然，彬彬有礼，语速、音量都要适中，要让领导轻松而又清楚地听到自己的汇报内容，汇报的语气中要充分表现出对上司的尊重。在上司发表意见时，不要插嘴，不要显得不屑一顾。

在听上司布置工作时，一定要专心致志，不能目无上司。当工作无法完成或出现比较棘手的任务时，要及时通报，并说明缘由。工作中做错了事，要学会自我检讨，不要找借口、推卸责任。

（3）与上司交流的技巧

首先，要让上司认可。上司最信得过的下级是爱岗敬业、忠于职守、勤勤恳恳的人，所以，作为一个下级，要乐于"鞠躬尽瘁，死而后已"，要尽职尽责、积极主动，出色地做好本职工作，不可故作姿态、光说不练，要以自己的精明实干和出色的工作能力奠定和上司交往的基础。

其次，要虚心接受上司批评，巧妙地指出上司的错误。谁都可能出错，面对上司的批评，一定要调整好心态，虚心接受。要有一定的组织观念，上司并非是在找碴儿，他是在履行他的职责。要尊重上司的意见，当上司的意见与自己的想法不一致时，如果他的意见没有错误，则应按上司的安排去做；如果上司的意见确实不妥，也不要当面顶撞，而应该巧妙地指正。

最后，要注意不要到处表现自己。在上司面前，下级应表现得谦虚、朴实。正如一位西方教授所说，人们最迫切的愿望就是希望自己受到重视，尊重上司就会赢得上司的信任。同时，不要忘记赞扬的作用，真心的赞扬是对他人的一

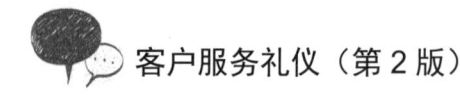

种尊重和肯定。不但可以满足上司的自尊心，还能赢得上司的好感与信任。还要记住，当自己在工作中有了功劳时不要到处去宣扬，以免让上司感到你是个居功自傲的人。遇到棘手的问题时，要谦虚地请教上司，不要越级请教。

2. 与同事相处的艺术

我们在一天的工作中，大部分时间是和同事在一起的。同事之间相处得如何，直接关系到自己的工作、事业的进步和发展。同事之间关系融洽、和谐，人们就会感到心情愉快，有利于工作的顺利进行。而同事之间存在既合作又竞争的特点，使得同事之间的关系微妙复杂，学会同事间的相处艺术，对自己的工作和生活都有很大帮助。

（1）互相尊重

孟子有云："爱人者，人恒爱之；敬人者，人恒敬之。"要处理好复杂的同事关系，必须懂得尊重他人。尊重同事，就要尊重同事的隐私。隐私关系到个人名誉，背后议论人的隐私会损害其名誉，可能造成同事间关系紧张。当同事在写东西、阅读书信或打电话时应避开，做到目不斜视、耳不旁听。尊重同事，还在于不轻易翻动同事的东西。如果要找某同事的东西，则要请该同事代找，如果他本人不在，则要先征得该同事的同意。

（2）真诚待人，互相帮助

办公室是一个小社会，也是一个小集体。同事间要真诚相待、相互帮助、相互理解、相互宽容，这样的集体才能成为一个团结战斗的集体，才能成为一个有凝聚力、使人心情舒畅的大家庭。同事有困难时，应主动询问，伸出援助之手，给他以人力、物力的帮助；当某位同事受挫时，应给予诚恳的安慰，热情地鼓励他，帮助他走出困境；当同事间发生误会时，要有度量，应主动道歉，说明情况，征得对方的谅解，这样会增进双方的感情，使关系更加融洽。对同事的错误和误解要能容纳，"宰相肚里能撑船"，不可"小肚鸡肠"、耿耿于怀。

（3）经济往来要一清二楚

同事之间可以有相互借钱、借物、馈赠礼品或请客吃饭的往来，但不能大意忘记。每一项都要清楚明白，即使是小款项也应记在备忘录上，以提醒自己及时归还。向同事借东西如不能及时归还，应每隔一段时间向对方说明一下情况。总之，同事间的物质经济往来要清楚明白，无论是有意或无意地占人便宜都会令对方感到不快，也会影响同事之间的关系。

（4）透明竞争，权责分明

同事之间既有合作也避免不了竞争。与同事共处应遵守尊重、配合的原则，明确权责，尽量施展自己的才华，绝不轻率地侵犯同事的业务领域。应在透明、公平竞争中各自施展才华并求得发展，不要过分表现自己，免得落下孤芳自赏的名声，最后沦为孤家寡人。但是也不可组建自己的小团伙，制造流言蜚语中伤某位竞争对手。同时做事要尽力而为，量力而行，踏踏实实做好自己的本职工作，不让别人有诋毁自己的机会，努力创造更多与同事沟通的机会，增进同事间的感情，消除彼此间的隔膜，在合作中良性竞争。

（5）言谈要得体

与同事交谈时，一定要注意语言要有分寸、得体。在工作场合中要保持高昂的情绪，即使遇到挫折、受到委屈、得不到上级的信任，与同事交谈时也不要牢骚满腹、怨气冲天。不要把痛苦的经历当作谈资一谈再谈，这样会让人退避三舍。谈论自己和别人时，不要滔滔不绝，要通过观察对方的反应来决定谈话应不应该继续进行。在工作场合中，不要说悄悄话，耳语也是噪声，会影响人们的工作情绪，也会引起同事的反感。在与同事相处中，不要得理不饶人。有些人总喜欢嘴巴上占便宜，争上风。他们喜欢争辩，有理要争，没理也要争，这样会使同事们感到烦闷，不利于同事之间的交往。要知道，一个好的倾听者，就是一个好的谈话者。善于倾听别人，能表现出自己对对方的关心与尊重，使对方获得满足感，从而愿意与自己交流。同事之间，善于倾听的人能拥有更多的朋友。

3. 与下级相处的艺术

孔子认为"君使臣以礼"，领导对下级应以礼相待。礼贤下士的传统在中国已经延续了两千多年，像中国古代的点将台、拜将台，都是礼遇下级的体现。

作为领导者，应该以礼对待下级，积极与下级进行有效沟通。

(1) 待人要公平、公正

《孙子兵法》认为"上下同欲者胜"。在企业中，只有上下同心，企业才会有发展。要做到这一点，领导者必须尽力做到公平、公正。因此，上级应该客观、公正地对待下级，不要受情绪的影响。要学会做一个好的倾听者，站在下级的角度去考虑问题。身为领导者，要能听出下级的弦外之音、言外之意，对于下级的情绪和处境要多加理解，抛开自己的情绪。

作为领导，待人不能受偏见的影响，应该平等待人。有些人对某人向来印象不好，无论那个人有多么好都会视而不见、听而不闻。领导者不应该被各种各样的偏见蒙蔽了心灵，同时，身为领导者也不应该太偏激独断，能够听取别人意见才会与下级建立融洽的关系。

"经营之神"松下幸之助就是一位善于倾听、待人公正的企业家。他经常问他的下级，"你对这件事是如何考虑的？""如果是你干的话，你会怎么办？"他一有时间就到工厂里转转，以便于听取工人的意见和建议。

(2) 尊重和理解下属

一个成功的领导者应该尊重和理解他的下属，为员工营造一种良好的工作氛围。上司要尊重下属的人格，尊重他们的意见和建议，让每个人都感受到自己是团队的一员。当下属的工作没有按预定目标完成时，要学会换位思考，理解他们的难处，不能把责任都推到他们头上。领导者要有宽容人的度量，在与下属沟通时，不可分亲疏远近，也不能因顾及面子而冷落了才智之士奋发向上的心，还要以开阔的心胸容纳别人，原谅别人的过错。一个好的领导者，要在尊重理解员工的同时，宽以待人，严于律己，遇事先从自己身上找原因，这样才能博得下属的爱戴和敬重。

(3) 拿捏好批评和表扬

表扬和批评相结合是人类自古以来形成的一种管理方法。批评和表扬是领导者激励下级继续努力工作的必不可少的手段。但是生活中却常能见到对员工大呼小叫、颐指气使的领导和不断抱怨的员工，这就说明批评和表扬需要一定的技巧才会达到好的效果。

批评是需要理由的，而很多领导在不知不觉中把批评下属当作是发泄情绪或证明自己权威的一种手段。一个优秀的领导者应该在工作中建立明确的奖惩制度，并且贯彻落实奖惩制度，这样才能树立自己的威信。

批评下属时可以先表扬后批评。因为想让别人顺从地接受批评不是一件容易的事。所以在进行批评时，可以先从正面肯定开始，这样才不会被看成只是针对个人，才会让人更好地接受批评。同时，还可以提出一些好的建议和忠告来帮助他们改进自己的工作。

批评下属的时候要就事论事。在对员工进行批评的时候，要尽量避免使用一些会使问题扩大化的词语，如男性主管不可以对女职员说"你们女人就是这样"。

批评下属的时候也要选对场合。一般情况下，不要在众人面前批评员工，这样虽然会起到杀一儆百的作用，但会伤害到被批评者的自尊，同时对领导者的形象和涵养也会有不好的影响。尤其值得注意的是，不能当着某部门员工的面批评该部门的领导，这样会让这个受批评的领导尴尬，也会给他以后的工作带来不好的影响。

批评的态度要宽容。批评是帮助员工发现自己的缺点并加以改正和完善的一种手段，而不是彻底毁灭一个人的自信心。所以领导在批评下属的时候，语气要温和，不能大动干戈、咄咄逼人。

4. 讲究办公室礼仪

办公室礼仪最能体现一个人是否具备良好的素质和个人修养，因为办公室是日常工作的地方，同事们在这里朝夕相处，很多礼仪需要我们注意。良好的礼仪不仅能树立个人和组织的良好形象，也会关系到一个人的前程和事业发展。

（1）办公室内的一般礼仪规范

主要包括以下内容。

① **要守时，不迟到早退**。上班时间要按时报到，遵守午餐、上班、下班时间，否则会给领导留下一个懒散、没有时间观念的印象。另外，要严格遵守上班时间，一般不要在上班时间随便出去办私事。

② **不要随便打私人电话**。有些企业规定办公时间不要随便接听私人电话，

一般在外国公司里用公司电话长时间、经常性地打私人电话是不允许的。

③ **做错了事要勇于承认**。如果有些小的事情办错了，当上司询问起来时，这事与自己有关，即使别的同事也有一些责任，也要直接替大家解释或道歉。如果是自己做错了事，则更要勇于承担责任，绝不可以诿过于人。

④ **乐于助人**。当看到同事有事情需要帮忙时，一定要热心地给同事提供帮助。在任何一个工作单位里，热心助人的人都是有好人缘的。

⑤ **不要随便打扰别人**。当我们自己将手头的活儿干完时，一定不要打扰别人，不要与没有干完活儿的人交谈。

⑥ **爱惜办公室公用物品**。办公室的公用物品是大家在办公室的时候用的，不要随便把它拿回家去，也不要浪费。

（2）办公室环境礼仪

当人们走进办公区时的情绪是积极的、稳定的，就会很快进入工作角色，不仅工作效率高，而且质量好；反之，如果情绪低落，则工作效率低、质量差。如果办公区有整洁、明亮、舒适的工作环境，则容易使员工产生积极的情绪，充满活力，工作卓有成效。随着现代化进程的加快，人们的办公硬件水平逐渐提高，办公环境也在不断改善，人们的工作效率也应该相应地提高。

① **办公室桌面环境**。办公室的桌椅及其他办公设施，都需要保持干净、整洁、井井有条。正如鲁迅先生所说，"几案精严见性情"，心理状态的好坏，必然在几案或其他方面体现出来。

从办公桌的状态可以看到当事人的状态，会整理自己桌面的人，做起事来肯定也是干净爽快的。他们为了更有效地完成工作，桌面上只摆放目前正在进行的工作文件，在休息前应做好下一项工作的准备，在用餐或去洗手间暂时离开座位时，应将文件覆盖起来；下班后的桌面上只能摆放计算机，而文件或是资料应该收放在抽屉或文件柜中。

② **办公室心理环境**。硬件环境的加强仅仅是提高工作效率的一个方面，而更为重要的往往是软件条件，即办公室工作人员的综合素质。这种观点正在被越来越多的白领接受。

办公室内的软件建设是需要在心理卫生方面下一番工夫的。因为精神污染从某种意义上说要比大气、水质、噪声的污染更为严重。它会打击人们工作的积极性，甚至影响工作效率、工作质量。为此，在办公室内需要不断提高心理卫生水平。

领导要学会选择适当的心理调节方式，使员工不被精神污染。领导应主动关心员工，了解员工的情绪周期变化规律，根据工作情况，采取放"情绪假"的办法。工作之余多组织一些文娱体育活动，既丰富了员工的文化生活，又让员工的不良情绪得到了宣泄。有条件的可以建立员工心理档案，并定期组织心理检查，这样可以防微杜渐，避免严重心理问题的产生。经常组织一些"健心"活动，使员工能够保持积极向上、稳定的情绪。领导要掌握协调与控制情绪的技巧与方式。

（3）办公室里谈话注意事项

主要包括以下内容。

① 一般不要谈工资等问题。在很多公司里，每个员工的工作不一样，因此员工得到的报酬也不一样。如果你的工资比别人高，则容易引起一些麻烦事。

② 不要谈私人问题。在办公室谈论私人话题，特别是遇到的不好的事情和不好的心情，会影响别人的情绪，或者引起别人对自己不好的看法，如果不注意，不但会影响自己形象，还会影响自己的前途。

③ 不要评论别人的是是非非。俗话说"当面多说好话，背后莫议人非"。当有人在评论别人时，不要插嘴，也不要充当谣言的传播者。

5.2 工作中的客户礼仪

1. 对待客户的原则

视客户为朋友、熟人，想方设法让服务贴心、自然、令人愉悦，这是客户沟通的基本出发点。

（1）客户中心原则

设身处地为对方着想，急客户之所需，主动说明客户购买某种东西所带来的好处，对这些好处作详细、生动、准确的描述，才是引导客户购买商品的关键。"如果是我，为什么要买这个东西呢？"这样换位思考，就能深入了解客户所期望的目标，也就能抓住所要说明的要点。最好用客户的语言和思维方式来介绍产品，安排好说话的顺序，不要一股脑说下去，要注意客户的表情，灵活调整销售语言，并力求通俗易懂。

（2）倾听原则

"三分说，七分听"，这是人际交谈基本原理——倾听原则在营销中的运用。在推销商品时，要"观其色，听其言"。除观察客户的表情和态度外，还要虚心倾听对方议论，洞察对方的真正意图和打算。要找出双方的共同点，表示理解对方的观点，并扮演比较恰当、适中的角色，向客户推销商品。

（3）禁忌语原则

在保持积极的态度的同时，沟通用语也要尽量选择体现正面意思的词，选择积极的用词与方式。要保持商量的口吻，不要用命令或乞求的语气，尽量避免使人丧气的说法。

不应说："很抱歉，让您久等了。"（负面词）而应说："谢谢您的耐心等待。"（积极的说法）

不应说："问题是那种产品都卖完了。"（负面词）而应说："由于需求很多，送货暂时没有接上。"（积极的说法）

不应说："我不能给你他的手机号码！"（负面词）而应说："您是否向他本人询问他的手机号码？"（积极的说法）

不应说："我不想给你错误的建议。"（负面词）而应说："我想给你正确的建议。"（积极的说法）。

不应说："你叫什么名字？"（负面词）而应说："请问，我可以知道你的名字吗？"（积极的说法）

不应说："如果你需要我们的帮助，你必须……"（负面词）而应说："我愿意帮助你，但首先我需要……"（积极的说法）

不应说："你没有弄明白，这次听好了。"（负面词）而应说："也许我说得不够清楚，请允许我再解释一下。"（积极的说法）

（4）"低褒微谢"原则

"低"，就是态度谦恭，谦逊平易。"褒"是褒扬赞美。"微"是微笑。营销人员要常面带微笑，给客户带来好的心情。"谢"是感谢，由衷地感谢客户的照顾。如"谢谢您，这是我们公司的发票，请收好""谢谢您，我马上就通知公司""谢谢您，正好是××元"等。

2. 与客户交流的语言要求

为了赢得客户，实现客户沟通的目标，与客户沟通时，除要注意发音清晰、标准，语调低沉、自然、明朗，语速恰如其分，音量适中等一般语言沟通的要求外，还要做到如下几方面。

（1）在说话时配合恰当的表情

在说话时配合恰当的表情往往会起到比单纯的语言更明显的作用。例如，说到高兴处，可以微笑，或者配合一定的手势动作；说到伤心处，神情表现得悲伤一些，让情绪感染客户，让客户进入到你所创设的情境中，这样更容易引导客户。

此外，推销员还要注意表达逻辑清晰，重点突出。在进行介绍时，要思路清晰，表达流畅，不能前言不搭后语，让听者不知所云。为了突出重点，可以适当地使用一些词语，如首先、其次、再次、最后，或者第一、第二、第三等，以便让客户抓住重点。一般要把最突出的优点放在第一位，吸引住客户，稍弱的优点依次往后。

推销员可以把自己的声音录下来，找好朋友、家人或者同事在内容、形式等方面提出建议和意见，以便提高说话水平。

（2）避免以"我"为中心，引导客户自己品味销售的主题

最能使人信服的是自我醒悟的道理，而非他人的说教，通过提问的方式给客户一定程度的自尊心理的满足，引导和激发客户产生购买行为。例如，"我认为……"可改为"您是否认为……"，"您的想法对吗"可改成"您是怎么想的"，"我想您肯定会买的"可改成"您很内行，可不要错过机会"，等等。这些提问能使客户顺着推销员的引导进行思考，品味推销员没有说出的销售主题。一旦

悟出道理，大多数客户就会陶醉于自己体会出的快乐心情之中。在客户自己品味出销售的主题以后，推销员还可以用赞美的语气强化引导的结果。"您讲得很有道理""我完全同意您的想法""您真会核算，比我们还精通"等赞美词会使客户油然产生一种兴奋的心情，这种情感体验能够升华为坚定不移的购买信念，达到顺利成交的良好结果。

（3）注意语言的精确性，提高对客户说理的感染力

在推销中，推销人员的语言是一种极其复杂的心理活动，推销员凭借某种语言来传递自己心理活动的信息，表达自己的思想、情感、愿望和要求，而客户也通过语言交流，接受推销员传递的商品信息，产生思想、感情的共鸣，采取积极的购买行为。因此，推销员要加强语言修养，提高语言的精确性，增强语言的感染力，给客户以身临其境的感觉，强化说理的效果。应注意以下三点。

① **多用肯定语言。**这里所说的肯定是指对客户态度的赞美和肯定，对商品质量和价格的肯定，对售后服务的肯定，以坚定客户的购买信念。对客户态度的肯定，可用"您现在这样看问题是很自然的事""过去我也是这样想的"等语言。对商品质地的肯定，如服装，可用质地优良、做工考究、色泽华丽、款式新颖、老少皆宜的肯定语言。对水果，可用果大、皮薄、肉厚、香甜、可口等质量可靠的语言。对价格的肯定，可用"这个价值五十元""这个报价是最低价格""您不能再削价了"。这里的目的是使客户消除还价的打算，觉得在价格上别无退路，只能按定价成交。对售后服务的肯定，如"本公司推销的商品一律实行三包：包退、包换、包修"，"本厂的产品一律送货上门"。这里的"三包"和"送"都是肯定语言，能使客户感到称心、方便，解除其后顾之忧，促使客户下决心实施购买行为。

② **用请求式的语句尊重客户**，尽量避免用命令式的语句同客户交谈。请求式语句是以协商的态度征求客户意见，态度谦虚、说话和气的推销员，客户总是乐意接受的。而命令式语句，推销员居高临下、态度生硬，强制性地要求客户实施购买行为，一般是不受客户欢迎的。比如，客户问推销员："××是否有货？"推销员回答："没有货，到下个月再联系。"这是一种命令式回答客户问题的语句。他不仅要求客户等到下个月，而且命令客户主动来联系，这样就使推销员与客户的关系错位，变成客户求推销员。这种方式除了在商品供应紧张时有短期效应外，对多数客户来讲是不可取的。

③ 客户交流中，刺激的语句、过于客套的语句都是不恰当的。这些语句容易引起客户的反感。

总之，正确使用语言，通过礼貌用语的魅力，影响、感染、引导消费公众，触发购买行为，这是与客户开展有效交流所必需的。

3. 与客户交流的技巧

（1）引起注意

无数的事实证明：在面对面的推销中，能否真正吸引客户的注意力，第一句话是十分重要的，它的重要性并不亚于宣传广告。客户在听推销员第一句话的时候比听第二句话乃至以后的话要认真得多，当听完推销员的第一句话时，很多客户不论是有心还是无意，都会马上决定是尽快地把推销员打发走，还是准备继续谈下去，如果第一句话不能有效地引起客户的兴趣，那么即使继续谈下去结果也不会太乐观。

① 急人所需。抓住对方的需求提出问题是引起注意的常用方法。美国一位食品搅拌器推销员在一住户的男主人为其开门后，第一句话就发问道："家里有高级搅拌器吗？"男主人被这突如其来的发问给难住了，他转过脸来与夫人商量，太太有点窘迫又有点好奇地说："搅拌器我家里倒有一个，但不是最高级的。"推销员马上说："我这里有一个高级的。"说着，从提袋中拿出搅拌器，一边讲解，一边演示。

假如第一句不是这样说，而是换一种方式，一开口就说"我想来问一下，你们是否愿意购买一个新型的食品搅拌器"或者"你需要一个高级食品搅拌器吗"，会有什么结果呢？例子中推销员的问法，要对方回答的是"有"还是"没有"。当然差不多是明知故问，但提这个问题有两个好处：一是没有使客户立刻觉得推销员是向他们推销东西的。前文已经说过，人们讨厌别人卖给他们东西，而喜欢自己去买东西。二是推销员只说他有一台高级搅拌器，并没有问客户买不买，因此客户会产生兴趣，想看看高级的搅拌器与自己家里的搅拌器有什么不同，然后推销员的演示说明就成为顺理成章的事情了。至于最后的购买，不是乞求的结果，也不是高压的结果，而是客户的一种满意的选择。

② 设身处地。如果一开口便说出一句替客户设身处地着想的话，同样也能赢得对方的注意。因为人们对与自己有关的事特别注意，而对那些与自己无关

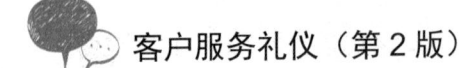

或关系不大的事往往不太关心。有一个推销家庭用品的推销员，总能够成功地运用第一句话来吸引客户的注意。"我能向您介绍一下怎样才能减轻家务劳动吗？"这句话一下子就抓住了对方的心理，如果对方被烦琐的家务劳动搞得十分伤脑筋又无计可施，这时听说有方法可减轻家务劳动，当然会更加注意了。请想想，如果这位推销员一开口就问人家："我能向你们推销一部洗衣机吗？"或者"我能给你们介绍一下我厂的新产品吸尘器吗？"效果就不会有第一种说法好，因为后面的说法没有把产品对客户的效用一下子明确地提出来，而且没有设身处地地为对方着想，强调的是"我"，而不是"你"。

③ 正话反说。有的时候推销员为了引起对方的注意，故意正话反说，这也是一种出其不意的妙法，一个高压锅厂的推销员找到一个批发部经理，他一开始就说了这么一句："你愿意卖1000只高压锅吗？"这个推销员在推销的时候，没有说"买"，而是向经理详细地介绍他们工厂正在准备通过宣传广告大量推销高压锅的计划，并说明这样做的目的是给零售商提高销售量，这个经理便愉快地向他订下一批货。这件事真奇怪，同样一个意思，不同的说法效果竟相差甚远，真值得我们研究。

④ 形象演示。关于产品的戏剧性形象演示，效果明显，可以极好地引起公众注意。一个纺织品推销员脸朝着太阳的方向，双手举起一块真丝产品，这时，从挂在墙上的玻璃镜中可以看到这块真丝产品，他对客户说："你从来没有见过这样有光泽的图案、这样清晰的丝织品吧？"一个推销录音机的推销员，走进一个潜在客户的办公室，客户正在打电话，他马上将录音机打开，把对方的说话录了下来，等他打完电话后，马上放录音，同时对客户说："你可能还没有听过自己雄浑而悦耳的男低音吧？"这两个例子中的推销员，都善于因地制宜地利用自己所推销的商品制造戏剧性的情节，实践表明：人们对于戏剧性的情节会产生很大的注意力和好奇心。假如不是这样，而是直截了当地问对方"你要录音机吗""你要丝织品吗"，其效果就肯定差得远。

⑤ 顺水推舟。"在上个月的展销会上，我看到你们生产的橱窗很漂亮，那是你们的产品吗？"这句话马上引起了对方的注意，并使对方十分高兴，然后推销员紧接着对这位客户说："我想，如果在你们生产的橱窗上再配上我厂的这种新产品，那就是锦上添花了。"顺手递上了自己所要推销的产品，这个推销员顺着他人产品之水，推动自己产品之舟，可谓巧妙至极，这种借向客户提出新

的构想来推销自己的产品的方法，也是一种吸引对方注意的有效途径。

⑥ 从众效应法。从众，这是一种有趣的社会心理现象，它指的是，人们往往不自觉地将周围人的行为动作为自己的行动指导，特别是当自己难以选择的时候，更会以他人的行动作为自己行动的借鉴，例如，如果你的亲朋好友、邻居同事购买飞鸽牌自行车，当你打算买自行车的时候，就很可能也买飞鸽牌。这个原理用于推销，就要求推销员在说明产品时，同时说出已购买本产品的公司、知名人士或客户的熟人。

"这种国产车很受欢迎，深圳、广州、珠海几家旅游公司都各订了10辆。"

"李先生，你是否注意到红光印刷厂的王经理采用了我们的印刷机后，营业状况大为改善？"

"这种综合电疗器特别受知识分子的欢迎，工学院的老师一买就是几十只，你们师范学院的教师也买了不少，其中有你们都认识的中文系王天教授、数学系刘明教授，他们都使用这种电疗器，效果不错。看，这是他们写来的信。"

当然，推销时所碰到的场面何止千种，所谓运用之妙，存乎一心。以上的几种方法仅供借鉴，到底要怎样说才能最有效地吸引对方的注意、引起对方的兴趣，还要我们在实践中不断探索。

（2）介绍商品

介绍商品是营销过程的一个重要环节，营销就是通过对商品的介绍，真正达到满足客户需求和销售商品的双重目的。介绍商品应注意以下几点。

① 突出重点。通常一种商品或服务，本身具有众多的优点和特征，如果推销员不看对象，一股脑儿地将这些特点和特征加以罗列、一一介绍，不但会白白浪费许多时间，而且客户也会由于推销员的"狂轰滥炸"而头昏眼花、不得要领。在介绍时，推销员应根据商品或服务的特点，将其转换成对客户的益处，依客户之不同而进行不同重点的说明。

美国的一位推销员曾经向住在北极圈内冰天雪地中的爱斯基摩人推销电冰箱，他是这样来推销产品的："这个电冰箱的最大效用是保温，使我们食物不致被冻坏而丧失它的营养价值"（注：电冰箱里的常温是-5℃，而爱斯基摩人居住地的气温终年都在-30℃～-40℃），对爱斯基摩人而言，这位聪明的推销员以温度的差距对食物的营养价值的影响作为说明的重点，是非常恰当的。试想，如果对爱斯基摩人说:"由于冰箱里的温度低,可使食物保鲜。"对方听了可能认为你到这里来是为了开玩笑的,因为这里根本不存在食物腐败的问题。

商品虽然成千上万、不胜枚举,但是说明的重点不外乎以下几方面:**适合性**——是否适合对方的需要;**通融性**——是否可用于其他的目的;**耐久性**——是否能长期使用;**安全性**——是否具有某种潜在的危险;**舒适性**——是否能为人们带来愉快的感觉;**简便性**——是否可以很快掌握它的使用方法,不需要反复钻研说明书;**流行性**——是否是新产品,而不是过时货;**身价性**——是否能使客户提高身价,自夸于人;**美观性**——外观是否美观;**便宜性**——价格是否合理,是否可以为对方所接受。这些方面因人而异、因物而异、因时而异,这就要求推销员在作说明的时候要对症下药。

② 因情制宜。因情制宜就是指介绍商品时应根据商品的特点和推销对象的具体情况加以介绍,做到有的放矢,比如对高档商品要强调其质优物美的一面;对廉价商品则要偏重其价廉的特点;对试销商品要突出其"新颖独特"的一面,着力介绍其新功能、新结构,体现新的审美观和价值观;对于畅销商品,因其功能、质量已广为人知,因此不用对商品本身进行详细介绍,而应着重说明其畅销的行情和原因,使客户不但感到畅销合情合理,而且产生一种"如不从速购买,可能失去机会"的心理;而对滞销商品,则应强调其价格低廉、经济实惠的特点,同时适当说明其滞销的某些原因和可取的优点。比如对老年人介绍说:"这种羽绒服是名牌产品,保暖性强、结实耐穿、样式大方,就是款式不够新颖,没有皮衣那么时髦,所以年轻人不太欣赏。"这正切合了老年人注重产品经济实用、内在质量的心理。

从营销对象来看,不同的客户有不同的心理和需求,介绍商品时更应抓住不同客户的心理特点,采取不同的介绍语言,获得客户的认同,如年轻人喜欢新颖奇特,而老年人则注重价格;女士往往偏重款式,男士则更讲究品牌,向女士推销服装,应强调款式的新颖、风格的独特,而对男士,则应着重介绍品牌的知名度、质料的考究。又如对老成稳重的客户,介绍时应力求周全,讲话可以慢一点,要留有余地;对自我意识很强的客户,不妨先听其言,然后因势利导;对性情急躁的客户,介绍商品时应保持平静,设身处地为之权衡利弊,促其当机立断;而对优柔寡断的客户,则应察言观色,晓之以理、动之以情,触发其购买冲动。

③ **充满热情**。营销人员在营销过程中要充满信心和热情,营销人员的热情往往会感染客户,使客户产生信任感,形成情感上的共鸣,进而引发客户的购买欲。

案例 5-1

有位妇女给小孩买马蹄衫上用的扣子,营业员见到她的小孩,说:"这是你的小孩吧,真漂亮。"妇女高兴地说:"你不知道,淘气着呢!"营业员说:"小子玩玩是好,女儿玩玩是巧,将来一定有出息!"问:"你想看点啥?"妇女说:"我想买五颗扣子。"营业员说:"市面上卖的马蹄衫胸前钉的是五颗扣子,衫上还应钉两颗。小孩好动,常掉扣子,加上几颗备用。您买十颗吧。"这位客户很高兴:"您比我想得还周到,听您的,买十颗。"

案列分析

营销人员热情待人,可以使本来不想买的买了,本来想少买的多买,而原来打算买的更满意、更高兴。总的来说,情能动人、感人,能产生好的效果。

④ **实事求是**。实事求是即指介绍商品应尊重事实、恰如其分,切忌虚假吹嘘、蒙骗客户,应当看到,任何商品都有长处和短处,客户所关注的是商品的长处在多大程度上大于短处,商品的长处和价值要与其价格相称。所以,对商品的成功介绍并不在于过分渲染和夸大商品的优点,这样做只能引起客户怀疑和反感,而应当实事求是地介绍商品,以使客户全面了解商品的情况。消除疑虑和犹豫心理,增强对商品和企业的信任度,买得放心并且称心,营销人员应当铭记的是,商品介绍中最重要的不在于推销者说了些什么;而在于客户相信什么,不在于告诉客户商品如何完美无缺,而在于客户了解此种商品有什么优点和商品能否满足自己的需求,所以实事求是地介绍商品是颇有说服力的。

(3) 引导购买

有位推销员说:"如果您想勾起对方吃牛排的欲望,将牛排放在他的面前固然有效,但最令人无法抗拒的是,煎牛排的'吱吱'声会使他想到牛排正躺在

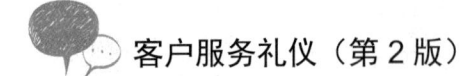

黑色铁板上，浑身冒油，香味四溢，不由得咽下口水。""吱吱"声使人们产生了联想，刺激了欲望。推销员在推销说明中，就是凭借自己的口才、针对客户的欲望、利用商品的某种效用为客户描述商品，使之产生联想，甚至产生"梦幻般的感觉"，以达到刺激购买欲望的目的。

① 描绘购买后的美景。当客户看了商品或演示后，为了使客户产生购买的欲望，推销员必须同时加以适当的劝诱，使客户脑海中呈现一幅美景。推销员首先要将商品的美好形象在自己的脑海中描绘出来，并将形象转换成丰富动人的言词，其次以口才当"放像机"，将这个形象在客户的脑海显现出来，借以打动客户。

一位推销室内空调机的能手，他并不是滔滔不绝地向客户介绍空调机的优点，因为他明白，人并非完全因为东西好才想得到它，而是由于先有想要的需求，才感到东西好，如果不想要的话，东西再好他也不会买。因此这个推销员在说明他的产品时并不说"这般闷热的天气，如果没有冷气实在令人难受"之类的刻板的言语，而是把潜在的客户当成刚从炎热的阳光下回到一间没有空调机屋子里的人："您在炎热的阳光下挥汗如雨地劳动后回家来了，您一打开房门，迎接您的是一间更加闷热的蒸笼，您刚刚抹掉脸上汗水，可是额头上马上又渗出了新的汗珠。您打开窗子，但一点风也没有，您打开风扇，却是热风扑面，使您本来疲劳的身体更加烦闷，可是，您想过没有，假如您一进家门，迎面吹来的是阵阵凉风，那将是一种多么惬意的享受啊！"

成功的推销员都明白，在进行商品说明的时候，不能仅以商品的各种物理性能为限，因为这样做，难以使客户真正动心。要使客户产生购买的念头，还必须在此基础上勾画出一副梦幻般的图景，增加商品的魅力。使用这种描述说明方式有几点必须注意。

第一，不要描述没有事实根据的虚幻形象。推销员的描述，目的是使商品或服务锦上添花。要做到这点，被描述的商品必须是"锦"，而不是"破布"，如果描述的是没有事实根据的虚幻形象，日后必将招来客户的怨恨。我国某城市的报纸上曾为该市新建的一片森林公园大做广告，称它如何如何壮丽，公园开园的那天，不少人慕名而来，结果大呼上当，森林公园中根本见不到几棵树木，只见到不少的建筑工地，于是游客纷纷写信投诉，最后使该公园声誉扫地。

第二，以具体的措词描绘。如果推销员只说"太爷鸡"（这是广州市一家著名的个体户的绝活），那么人们的脑海中仅会浮现一只鸡的形象，至于什么颜色，什么香味，软硬如何，人们就不得而知了，很难产生美味的形象，光说"价廉物美"不行，还应具体描述一下，价廉到什么程度，物美又到何种地步。

第三，以传达感觉的措词来描述。如果我们只说"痛"就不大能令人了解到底有多痛，是怎样的痛法，如果说是"隐隐作痛"、"针刺般的痛"或"火烧火燎一样的痛"，人们就理解得深刻多了，因为后者的描述中用了传达感觉的措词。

第四，活用比较和对照的方法来描述。如"空调机比电风扇好用得多了""电饭锅比烧煤烧柴省事得多了，且没有污染"等，这样进行比较，人们的印象就会特别深刻。

第五，活用实例来描述。一位卖相机的小姐对欲购相机的另一位小姐说："如果您出差、旅游的时候，背上这么一部相机，不但使您更加富于现代青年的特色，而且会给您带来永久的回忆，请您想一想，如果因为没有相机而失去这些宝贵的瞬间，岂不是终生的憾事？"

如果推销员把合理的说明与描述性的话术结合起来，将起到画龙点睛的作用，使推销员的说明更能激发起客户的购买欲望。

② 提供有价值的情报。向客户提供有价值的情报，也是刺激客户购买欲望的一种说话方法，这也是很多不喜欢谈吐的推销员得以成功的秘诀。什么是有价值的情报呢？客户的利益、需要及消费的时尚都是有价值的情报。这里重点讲述如何抓住人们消费价值取向的变化，去引导客户适应新形势，从而激发他们的购买欲望。由于技术的革新，市面上相继出现了经过新奇包装的商品，消费者的收入水准或受教育水平都在提高，生活方式也随之改变，买方的需求也高度化、大型化、多样化、个性化起来，购买态度、商品的买法、客户的选择都在急速地改变，客户的价值观也和以前完全不同，所以，那些认为质量过硬的商品就是好商品的推销员，就会陷入千篇一律的推销法，注定要失败。

所谓推销，已演变成不单是推销商品了。如今的推销不是推销商品，而是推销情报。例如，小汽车的销售重点也已从便宜的经济性等因素移向了外观、乘坐的感觉方面。纺织品的销售重点从耐久性方面，转移到色泽、花纹、设计、流行性等方面。住宅卖的不是孤立的建筑物，而是环绕建筑物的环境或有气氛的生活。即使是领带，卖的也不是单纯的领带，而是一组西装、衬衫、手帕等

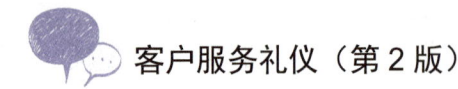

组合成整体的有自我个性的表现。这些销售特点，比起商品本身的价值和附加价值，更容易使客户产生购买动机。现代的推销人员已不光是卖货、运货了，而是 提供决定商品买进有用情报的情报员。要当好这个消费顾问，在关键时刻得会说话，即推销员本人不但要明了消费趋势的变化，而且要善于把这些变化传达给那些不知情的客户。

（4）消除异议

有这样一段有趣的对话，两个人正在聊天，其中一个人问道："如果比尔·盖茨现在突然要约见你，你准备穿什么衣服去赴约呢？"另一个人回答："穿什么都可以，只要不穿西装、打领带、手提公文包就行了。""为什么？""很简单，如果你穿成那样去的话，大老远一看见你，比尔·盖茨就会认为你是来向他推销保险的，还没等你走到他跟前，他的秘书就会把你赶走……"

不难看出，销售的第一步是与客户进行沟通，而沟通的第一步则是消除客户的异议、疑惑、戒备或误解。无论客户的异议是来自推销人员、所推销的产品、企业的信誉，还是来自于客户本身，推销人员都有义务为客户解决问题，而不应该轻易放弃，更不应该抱怨客户。

① 产品异议。这是顾客对产品的质量、样式、设计、款式、规格等提出的异议。这类异议带有一定的主观色彩，其根源在于客户的认识水平、广告宣传、购买习惯及各种社会成见等因素。这种异议处理的关键是销售员必须对产品有充分的认识，然后再针对不同的客户采用不同的办法去消除异议。

案例 5-2

某家具经销商："这种衣柜的外形设计非常独特，颜色搭配也非常棒，令人耳目一新，可惜选用的材质不太好……"

某衣柜厂家的推销员："您真是好眼力，一般人是很难看出这一点的，这种衣柜选用的木料确实不是最好的，如果选用最好的木料进行加工，那么价格恐怕就要高出两倍以上。现在这类产品更新换代很快，不是吗？这种衣柜已经不错了，尤其是外形设计十分时尚，可以吸引很多年轻人。订购这种价位适中、外形独特的衣柜既可以使您的资金得以迅速流通，又可以节省成本。"

② 货源异议。这是客户对推销品来源于哪家企业和哪个推销员而产生的异议。如"没听说过你们这家企业""很抱歉,这种商品我们和××厂有固定的供应关系"。货源异议乍看不可克服、令人难堪,但这又说明客户对产品是需要的,推销机会是存在的。这时推销员可以询问客户目前用的产品品牌和供应厂商。如所用产品与推销品类似,则可侧重介绍推销品的优点。但千万不能说同行的坏话。称赞对方就是表示对自己的产品有信心,说别人的坏话反而会引起客户的反感;如果两种产品不同,则货源异议并不成立,成功希望更大,推销员可以着重说明两种产品的不同点,详细向客户分析推销品会给他带来什么新的利益。请看下面的例子。

案例 5-3

客户:"我从来没听说你们的公司和产品,我们只和知名企业打交道。"

推销员:"是啊,但您是否知道,我们公司今年已占了本市市场销售额的40%。"

然后,他用简洁的语言向客户介绍企业生产情况、引以为豪的成绩、公司的发展前景等,尽量解除客户的疑惑和不安全感,同时特别强调所推销的产品会带来的利益。

案例分析

当推销员向客户证明了自己所提供的产品比其他企业提供的同类产品更物美价廉时,他就击败了竞争对手,获得了交易成功。

③ 价格异议。客户关注产品的价格,并且为了降低价格而进行协商,多半表明他需要这样的产品。客户说"太贵了",其实是追求物美价廉的心理使然,同时客户也想听听推销员的解释。这时推销员要做的就是要让客户相信他的产品绝对是物有所值,甚至是物超所值的。如果推销员能够成功地做到这一点,那么就成交有望了。

因此,客户提出对价格的异议时,推销员不用紧张,也不要仅仅围绕着价格问题与客户展开争论,而是应该看到价格问题背后的价值问题,尽可能地让客户相信产品的价格完全符合产品的真实价值,最终说服客户,实现交易。如果客户咬定价格问题不肯放松，推销员也不必受客户的影响，而应该寻找到顾客认为价格太高的深层次原因，然后根据这些原因展开有效的销售活动。要记住：不要跟客户讨论价格，而要跟客户讨论价值。价格隐含于价值之中，价格本身就不会显得那么突出了。有一种叫"价格三明治"的方法，就是把价格分解为产品的功能，A功能、B功能、C功能加在一起值这么多钱。所以推销人员要学会做价格分析，要告诉客户价格里面具体包括了什么。

在面对价格争议时，推销人员可以尝试采用价格分解的方式处理客户的反对意见。在实际销售活动当中，对价格进行分解的方式有如下三种。

第一，差额比较法。当客户对产品的价格感到不满时，推销人员可以引导客户说出他们认为比较合理的价格，然后针对产品价格与客户预期价格的差额对客户进行有效说服。采用这种方法最大的好处是，一旦确定了价格差额，商谈的焦点问题就不再是庞大的价格总额了，而只是很小的差价。这时，你进一步说明产品的价值，把客户的注意力吸引到产品的价值上去，客户可能就不会过于坚持了。下面的例子就运用了差额比较法。

案例 5-4

顾客："这个价格实在太高了，远远超出我的预算。"

推销员："那怎样的价格您才能接受呢？"

顾客："我的最高预算是 18 000 元。"

推销员："我们的报价是 19 000 元，与您提出的价格只相差 1000 元，不是吗？"

顾客："是的。"

推销员："这种机器平均每天可以为您增加效益 200 多元，也就是说，只要购买这台机器，5 天的时间您就可以把这 1000 元的差价赚回来，难道您打算放弃这台机器为您带来的巨大效益吗？"

第二，整除分解法。整除分解法的目的是通过化整为零的计算，让客户知道产品的价值所在，把客户的注意力从较大的数额转移到容易接受的小数额上，这样更容易让客户认同产品的价值，从而有利于达成交易。下面的例子就运用了整除分解法。

案例 5-5

顾客:"这个房子的整体设计、质量都很好,可是价格实在太高了。"

推销员:"房子其实并不如您想象的那么贵。您看,房子的现价是每平方米 7000 元,这种房子以后一定会继续升值,其潜在的价值将远远高于它目前的价格。"

顾客:"这个房子我是准备自己住的,不太可能出让,升不升值与我没有太大的关系。"

推销员:"即使是这样,您也不希望今天每平方米 7000 元买到的房子,明年就跌到每平方米 5000 元吧。这个房子用来自己住最合适了。您算一算,房子的产权期限是 70 年,而房价总额大概为 70 万元,那么您一年其实只要花 1 万元就可以住在如此高品质的建筑之内了;再算一下,即使您每年只在其中住 10 个月,一个月也只需要花 1000 元,一天才需要花多少钱呢?"

顾客:"大概 33 元吧。"

推销员:"是啊!才 33 元,您每天只要少在外面吃一顿快餐就能够一辈子住在如此高档的住宅当中了,而且您可以享受到高品质的物业服务。难道您愿意为了每天少花 33 元而放弃这样的人生享受吗?"

案列分析

这里推销员运用整除分解法,把客户一年需要交 1 万元(大数目)分摊到每天的 33 元(小数目),这样更容易让客户动心。

第三,**转移注意力**。在解决客户提出的价格异议时,如果客户一直抓住价格问题不放,推销员就需要想办法将客户的注意力转移到他们感兴趣的其他问题上,比如让顾客把关注的焦点从价格问题转移到产品价值上。在具体的实施过程中,推销员可以采用积极的询问、引导式的说明方法,再配合相应的产品演示等。请看下面的这个实例。

案例 5-6

顾客:"你们公司的这款复印机显然要比××公司的价格高一些,所以我们打算再考虑考虑。"

推销员:"我知道您说的那家公司,您认为他们公司的产品质量和性能与我们公司相比哪个更好呢?"

顾客:"产品的质量不太容易比较,不过我觉得他们公司的产品功能好像更多一些,他们公司的复印机还可以……"

推销员:"我们公司的另外一款产品也具有您提到的这种功能,这是针对专业使用者设计的。我觉得贵公司使用复印机的人员比较杂,而且每天需要复印的东西也很多,所以这款操作简单、复印速度快、寿命长的机器更适合贵公司……"

这里推销员把难以解决的价格问题转移到了比较容易解决的质量与性能问题上,从而消除了客户的异议。

④ **服务异议**。服务异议是客户对企业或推销员提供的服务不满意而拒购商品的异议。对待客户的服务异议,推销员应诚恳接受,并耐心解释,以树立企业良好的形象。

案例 5-7

有一次一位经营通用机械的跨国公司推销员向农民推销一种先进的农业机械,一位农民说:"你们公司在我们国家只有很少的经销维修点,而且离我们农场很远,今后机械零件损坏怎么办?"推销员回答:"本公司不提供机械服务,但我们在进行了严格测试的基础上,为每台机械配足了使用寿命所需的配件,一旦机械出现问题,你们就可以自己换零件和维修,这样既省钱又不会误农时。"推销员的一番话使客户消除了服务异议。

实操训练

1. 模拟职场训练

（1）实训目标：培养学生了解交流的过程和基本技能；培养语言表达能力和交流能力；通过活动，锻炼提高学生的团队协作能力等其他综合能力。

（2）实训学时：2学时。

（3）实训地点：教室或实训室。

（4）实训准备。

① 分组，每组4～6人，选1人为组长；

② 以小组为单位，自主选择一种职场沟通形式；

③ 根据要求，各组分配人员角色，讨论设计故事情节，并进行认真准备。

（5）实训方法。

① 按小组顺序进行模拟演练。演练之前，每组派1人说明本组模拟的职场沟通形式及所要表达的主题。

② 在模拟过程中，各组成员要认真严肃，尽力扮演好自己的角色，言谈举止应符合要求。

③ 每组演练后，指导教师与学生共同点评。

2. 手机销售的实训

（1）实训目的：通过同学间相互售卖手机的游戏，体会销售的技巧。

（2）实训学时：2学时。

（3）实训地点：教室。

（4）实训准备：手机等。

（5）实训方法。

① 相邻座位的同学两人一组，分别扮演销售员和客户。销售员要将手中的手机成功地销售给客户，在推销过程中，客户提出各种疑问和拒绝，直到被销

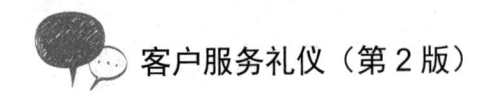

售员说服，主动购买。（时间5分钟）

② 邀请2~3组同学上台演练，请其余的同学仔细观察细节。

③ 表演结束后请参与者谈谈角色感受。

④ 总结销售中各环节的技巧。

3. 职场能力测试

你的职场能力如何？请通过下列问题测试一下自己的职场能力。

（1）在说明自己的重要观点时，别人却不想听你说，你会（　　）。

　　A. 马上气愤地走开

　　B. 不说了，但你可能会很生气

　　C. 看还有没有说的机会

　　D. 仔细分析对方不听的原因，找机会换一个方式去说

（2）去与一个重要的客人见面，你会（　　）。

　　A. 像平时一样随便穿着

　　B. 只要穿得不太糟就可以了

　　C. 换一件自己认为很合适的衣服

　　D. 精心打扮一下

（3）与不同身份的人讲话，你会（　　）。

　　A. 对身份低的人，你总是漫不经心地说

　　B. 对身份高的人说话，你总是有点紧张

　　C. 在不同的场合，你会用不同的态度与之讲话

　　D. 不管什么场合，你都是以一样的态度与之讲话

（4）在与人沟通前，你认为比较重要的是应该了解对方的（　　）。

　　A. 经济状况、社会地位

　　B. 个人修养、能力水平

　　C. 个人习惯、家庭背景

　　D. 价值观念、心理特征

（5）参加老同学的婚礼回来后你很高兴，而你的朋友对婚礼的情况很感兴趣，这时你会告诉她（他）的是（　　）。

　　A. 详细述说从你进门到离开时所看到的和感觉到的相关细节

B. 说些自己认为重要的

C. 朋友问什么就答什么

D. 感觉很累了，没什么好说的

（6）你正在主持一个重要的会议，而你的一个下属却在玩弄他的手机，而且手机的声音干扰了会议现场，这时你会（　　）。

A. 幽默地劝告下属不要玩手机

B. 严厉地叫下属不要玩手机

C. 装着没看见，任其发展

D. 给那位下属难堪，让其下不了台

（7）你正在向老板汇报工作时，你的助理急匆匆地跑过来说有你一个重要客户的长途电话，这时你会（　　）。

A. 说你在开会，稍后再回电话过去

B. 向老板请示后，去接电话

C. 说你不在，叫助理问对方有什么事

D. 不向老板请示，直接跑去接电话

（8）你的一位下属已经连续两天下午请了事假，第三天上午快下班的时候，他又拿着请假条过来说下午要请事假，这时你会（　　）。

A. 详细询问对方因何事要请假，视原因而定

B. 告诉他今天下午有一个重要的会议，不能请假

C. 你很生气，什么都没说就批准了他的请假

D. 你很生气，不理会他，不批假

（9）你刚应聘到一家公司，就任部门经理，上班不久，你了解到本来公司中有几个同事想就任你的职位，老板不同意，才招了你。对这几位同事你会（　　）。

A. 主动认识他们，了解他们的长处，争取成为朋友

B. 不理会这个问题，努力做好自己的工作

C. 暗中打听他们，了解他们是否具有与你进行竞争的实力

D. 暗中打听他们，并找机会为难他们

（10）你在听别人讲话时，你总是会（　　）。

A. 对别人的讲话表示兴趣，记住所讲的要点

B. 请对方说出问题的重点

C. 对方老是讲些没必要的话时，你会立即打断他

D. 对方不知所云时，你就很烦躁，就去想或做别的事

评分方法：1~4题，选A得1分、B得2分、C得3分、D得4分；其余各题，选A得4分、B得3分、C得2分、D得1分；将10道测验题的得分加起来，就是你的总分。

（1）总分在20分以下，说明你的职场沟通能力较差，必须加强这方面的学习。但是，只要学会控制自己的情绪，改掉一些不良习惯，仍能获得他人的理解和支持。

（2）总分为21~30分，说明你的职场沟通能力一般，你懂得尊重他人，有一定的自控能力和表达能力，并能实现一定的沟通效果；但是，缺乏高超的沟通技巧和积极的主动性。因此，仍需要继续学习和锻炼，不断提高自己。

（3）总分为31~40分，说明你的职场沟通能力很强，你稳重，能很好地控制自己的情绪，能从容明白地表达自己，有很高的沟通技巧和人际交往能力。

4．测试：你受客户欢迎的程度如何

请对下面的陈述做出"是"、"一般"或"否"的判断，测一测你受客户欢迎的程度。

（1）发型整洁。

（2）衣着得体。

（3）知道客户的业余爱好。

（4）了解客户的工作成就。

（5）能有针对性地称赞客户。

（6）言语得体，令客户愉快。

（7）充分尊重客户的意见。

（8）了解客户的行业特点。

（9）知道困扰客户的瓶颈是什么。

（10）能及时根据客户反馈的信息改进方案。

（11）以客户为中心。

（12）与客户交谈时面带微笑，亲切自然。

（13）每天上班前自我沟通3分钟，保持愉悦、自信的工作状态。

（14）用友善的态度来面对客户所在公司的每一位员工。

（15）通过小赠品传递友好的信息。

（16）通过小赠品完成公司对外的形象宣传。

计分方法如下表所示。

受客户欢迎程度测试计分方法

题号	（1）	（2）	（3）	（4）	（5）	（6）	（7）	（8）	（9）	（10）	（11）	（12）	（13）	（14）	（15）	（16）
是	2	3	4	4	5	3	3	4	5	4	3	3	5	3	2	2
一般	1	1	2	2	3	2	2	2	3	2	2	2	3	2	1	1
否	0	0	0	0	0	0	0	0	0	0	0	0	0	0	0	0

（1）总分为45~54分：你肯定是一位很受客户欢迎的业务员，你已熟练掌握了与客户沟通的技巧。

（2）总分为30~45分：你的沟通技巧受人称道，但还应进一步完善。

（3）总分为15~30分：你与客户沟通的能力已经有了一定基础，但还有很多需要改进的地方。

（4）总分为0~15分：这是一个令人沮丧的得分，你与客户沟通的能力的确不怎么样。不过别灰心，认真学习，不断实践，你会有很大的进步。

（资料来源：谢红霞，沟通技巧，中国人民大学出版社，2011）

案例与思考

1. 职场跋涉

1996年的夏天，我攥着打工4年的积蓄加上从数家亲戚朋友那里东拼西借的8万元钱，开了一家小小的快递公司。千万别以为我做的是特快专递业务，那得有强大的资金实力和不一般的邮政背景。我的公司，不过是替人送牛奶、送报纸、送广告、送水、换煤气罐而已。

公司的规模很小，总共才十五六个人，每个人都不同程度地承担了送货的任务，包括我自己在内，每天晚上下班回家和早晨上班，都会顺路送一部分货品。销售商往往把我们的利润压得很低，由于工作简单、可替代性强，这也是没有办法的事。所以，我不得不普遍采用二手单车作为送货工具，不得不拼命压低工人的工资。

即便如此，公司开业半年多，也仅仅是勉强持平而已。好在业务总算慢慢增长着，我也打算再招几个人，招些更年轻力壮的，可以多做些活，效率也高得多。

1997年春节过后不久，一个叫唐明的中专生前来面试，长得白白净净，还戴着一副书生气十足的眼镜，怎么看也不像个踩单车送货的。

"我们这里最好的工人，每天也只能跑300多个客户，一个月也才赚600多块钱，而且无论多么恶劣的天气，你都得把定额部分完成。你可要想清楚了，不要硬着头皮上了；到时落下一身病，我可承担不起。"我怀疑地看着眼前的这个年轻人，想着赶紧把他打发走。

"我可以不要底薪，全部按件计酬。即使做得不好，您也不会有任何损失。给我一个机会吧，一个月就行！如果一个月下来业绩太差，我马上就走。"唐明态度非常诚恳地说。

也许是他恳求的眼神打动了我，我破例留下了他，就像他说的一样，反正也没什么损失。

第一个月，唐明的业绩比我想象的略好一些，平均一天可以跑200个客户。因此，他被留下了。

第二个月，他的业绩已经是全公司最好的，平均每天可以跑500个客户，当然收入也是全公司最高的。我简直不敢相信这是真的，看他细细的胳膊、细细的腿，一副手无缚鸡之力的书生样儿，凭着一辆破旧不堪的单车，他是如何跑下如此骄人的业绩的？

"告诉我，你究竟是怎么做到的。"我把唐明叫到办公室。

"其实很简单。我把所有属于我的和我的团队的客户按居住地划成好几个片区，然后对路线运用运筹学理论进行规划，这样就可以大大提高效率。然后，我每天抽出一定的时间拜访客户，他们中的许多人都和我成了朋友，当然也就会向他们的邻居推销我们公司的服务，于是，我的客户一天比一天多，而且越来越集中，当然业绩也就成倍地上升了。"

我再一次看看面前的这个中专生，还是一副书生气十足的样子，但他眼神中的某些东西却是我不熟悉的。

"你是学什么的？"我突然想起了这个问题，因为只是送货，之前我从来没有考虑过工人的学历。

"会计。"

"会计？"我一愣，他是学会计的？那怎么会找一份送货的工作？

大约他也看出了我的疑惑，于是微笑着解释道："现在学会计的越来越多，连大专生找一份工作都艰难，更何况我们中专生呢？我找了两个月的工作，也没有一家公司愿意让一个中专生做会计，还是要感谢你收留了我，其实有一碗饭吃已很幸运了，也无所谓专业对口啦！"

后来，唐明成了公司的会计，并且给了我很多有效的建议，公司规模越来越大，渐渐地有了第一家加盟店，然后是第二家、第三家……

在开了第十家加盟店之后，唐明通过自考拿到了本科毕业证书，离开公司去了一家更大的民营企业。我没有阻拦他，因为不想让私人的感情阻碍了他美好的前程。

（资料来源：黄大庆，尊重一个人的含义，读者，2002（19））

思考分析

（1）求职的心态是非常重要的，本案例对你有何启示？

（2）在职场中应当怎样拼搏？唐明的成功得益于哪些方面？

2. 消除上司误解

小丽是某销售公司的文员。春节前经理交给她一大堆名片和一些精心挑选的明信片，要她按照名片逐一打印寄出。小丽曾提醒经理将已经发生改变或业务上已没有往来的客户挑出来，但经理不耐烦地说："你别管，把所有名片都寄出去就是了！"

两天后，当小丽把打印好的明信片交给经理过目时，经理却大声指责她将一些已经不在中国的客户错误地打印在"最精美"的明信片上。小丽觉得很委屈，想说出来又担心被经理安个"顶撞上司"的罪名开除，便认了下来。回去后她大哭一场，可心里还是觉得别扭，以致影响了工作。后来小丽利用休息时间去拜访经理，坦诚地说出内心的想法。结果出乎意料，高高在上的经理竟然向她承认了错误。从此，他们两人在工作上的配合相当默契，为公司创造了显著的业绩。

思考分析

请问小丽是如何对待和消除上司的误解的。

3. 怎样与同事交流

小张是个心直口快的人，说话向来不会含蓄婉转，所以经常得罪同事。一次，饮水机没水了，他对同事小刘说："帮个忙换桶水吧，就你闲着。"小刘一听不高兴了："什么就我闲着？我在考虑我的策划方案呢。"小张碰了一鼻子灰。

小张跑到销售部对吴经理说："吴经理，你给我把这月的市场调查小结写一下吧。"吴经理头也没抬，冷冷地说："刚当上管理员，说话就是不一样。"显然吴经理生气了。小张想，我也没说什么呀。他顺手拿起打印机旁的一份客户拜访表问："这是谁制的表？"吴经理的助理夺过表格："你什么意思？"

当天，几个同事在一起谈话，让小张说说对公司管理的看法，小张竹筒倒豆子一吐为快："我认为目前我们公司的管理非常混乱，有令不行，有禁不止，简直是一个乡下企业。"大家不爱听了，认为他话里有话。

一会儿同事小王问小张，某某事情可不可以拖一天，因为手头有更重要的事情在做。"有这么做事情的吗？你别找理由了，这可是你分内的事，反正又不是给我做，你看着办！"小张声色俱厉地说。小王也不甘示弱，说："喂，请注意你的言辞。你以为你是谁呀？我就是没时间。"小张气得发抖："我怎么了？本来就是这回事嘛，我不过是实话实说。"

（资料来源：黄琳，有效沟通：王牌沟通大师的制胜秘诀，中国华侨出版社，2008）

思考分析

（1）小张的同事关系何以如此紧张？
（2）你若是小张，你将怎样改善同事关系？

4. 失败的推销

一年夏天，推销员小刘浓妆艳抹，衣着时髦地来到顾客家上门推销产品。她敲开门后立即作自我介绍："我是来推销××消毒液的。"当主人正在犹豫时,她已进入室内,拿出商品,说:"我厂的产品质量好,是×元一瓶。"顾客说:"我从来不用消毒液,请你介绍一下消毒液有何用途?"小刘随即往沙发上一坐,对顾客说:"天这么热,你先打开空调我再告诉你。"顾客不悦:"那算了,你走吧,我不要了。"小刘临走时说:"你真傻,这么好的东西都不要,你会后悔的!"

(资料来源:张岩松,新型现代交际礼仪实用教程,清华大学出版社,2008)

思考分析

(1)为什么顾客没有接受推销商品?小刘在推销商品时有哪些不足之处?

(2)如果是你,你将会如何进行推销?

5. 口才拔高了"推销之神"

在日本有个叫原一平的人,身高只有 145 厘米,但他的工作业绩却相当的惊人,曾连续多年占据日本全国寿险销售业绩之冠,被人誉为"推销之神"。

原来,原一平的身材虽然低人一等,但他的口才却高人一筹。在推销寿险产品时他经常以独特的矮身材,配上刻意制造的表情和诙谐幽默的言辞逗得客户哈哈大笑。他面见客户时通常是这样开始的:

"您好,我是明治保险的原一平。"

"噢!是明治保险公司。你们公司的推销员昨天才来过的,我最讨厌保险了,所以被我拒绝啦!"

"是吗?不过我比昨天那位同事英俊潇洒吧?"原一平一脸正经地说。

"什么?昨天那个仁兄啊!长得瘦瘦高高的,哈哈,比你好看多了。"

"可是矮个儿没坏人啊。再说辣椒是愈小愈辣哟!俗话不也说'人越矮俏姑娘越爱吗?'这句话可不是我发明的啊。"

"可也有人说'十个矮子九个怪'哩!矮子太狡猾。"

"我更愿意把它看成是一句表扬我们聪明机灵的话。因为我们的脑袋离大地近,营养充分嘛。"

"哈哈,你这个人真有意思。"

凭着出色的口才,原一平就是这样与客户坦诚面谈,在轻松愉快的气氛中不知不觉就拉近了自己与客户之间的距离,很快一笔业务就搞定了。

看来,一个人身材矮小用不着怨天尤人,只要他能用后天的努力来弥补先天的不足和缺陷，吃苦耐劳、时刻进取、有所作为，在别人眼里的形象照样很高大。

（资料来源：彭真平，口才拔高了"推销之神"，职业时空，2005（17））

◎ 思考分析

（1）原一平的推销有什么特色？他为什么能够拉近自己与客户之间的距离？

（2）从本案例中你还得到了哪些启发？

6. 客户关系管理的魔力

一位朋友因公务经常出差泰国，并下榻东方饭店，第一次入住时，良好的饭店环境和服务就给他留下了深刻的印象。当他第二次入住时，几个细节更使他对饭店的好感迅速升级。

那天早上，当他走出房门准备去餐厅时，楼层服务生恭敬地问道："于先生是要用早餐吗？"他感到很奇怪，反问："你怎么知道我姓于？"服务生说："我们饭店规定，晚上要背熟所有客人的姓名。"这令他大吃一惊，因为他频繁往返于世界各地，入住过无数高级酒店，但这种情况还是第一次碰到。

他高兴地乘电梯下到餐厅所在的楼层，刚刚走出电梯门，餐厅的服务生就说："于先生，里面请。"他更加疑惑，因为服务生没有看到他的房卡，就问："你知道我姓于？"服务生答："上面的电话刚刚下来，说您已经下楼了。"如此高的效率让他再次大吃一惊。

他刚走进餐厅，服务小姐微笑着问："于先生还要老位置吗？"他的惊讶再次升级，心想："尽管我不是第一次在这里吃饭，但最近的一次也有一年多了，难道这里的服务小姐记忆力那么好？"

看到他惊讶的目光，服务小姐主动解释说："我刚刚查过计算机中记录的资料，您去年8月8日在靠近第二个窗口的位子上用过早餐。"他听后兴奋地说："老位子！老位子！"小姐接着问："老菜单，一个三明治，一杯咖啡，一个鸡蛋？"现在他已经不再惊讶了，"老菜单，就要老菜单！"他已经兴奋到了极点。

上餐时餐厅赠送了一碟小菜，由于这种小菜他是第一次看到，就问："这是什么？"服务生后退两步说："这是我们特有的小菜。"服务生为什么要先后退两步呢？他是怕自己说话时口水不小心落在客人的食品上，这种细致的服务不要说在一般的饭店，就是在美国最好的饭店里都没有见到过！这一次早餐给他留下了终生难忘的印象。

后来，由于业务调整的原因，他有 3 年的时间没有再到泰国去，在他生日的时候，突然收到一封东方饭店发来的生日贺卡，里面还附了一封短信，内容是："亲爱的于先生，您已经有 3 年没有来过我们这里了，我们全体人员都非常想念您，希望能再次见到您，今天是您的生日，祝您生日快乐。"

他当时激动得热泪盈眶，发誓如果再去泰国，绝对不会到其他的饭店，一定要住东方饭店，而且要说服所有的朋友也像他一样选择！他看了一下信封，上面贴着一枚 6 元的邮票，6 元钱就这样强化了一颗心。这就是客户关系管理的魔力！

> 思考分析

（1）泰国东方饭店与客户沟通有何独到之处？

（2）本案例对你有何启示？

模块 6

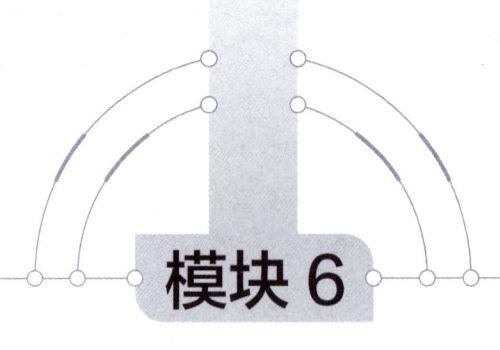

典型的客户服务礼仪

知识要点

- 掌握应聘技巧
- 掌握招待宴请基本要求
- 掌握联谊活动基本要求
- 掌握专题活动基本要求
- 掌握各类仪式活动基本要求

6.1 应聘技巧

1. 应聘准备

作为应聘者，要想求职成功，必须积极应对，做好各项准备工作。

(1) 收集就业信息

就业信息是指通过各种媒介传递的有关就业方面的消息和情况，如就业政策、供需双方的情况及用人信息等，它是求职者择业所必须收集和掌握的材料。

就业信息有两种：宏观信息和微观信息。宏观信息是指国家的政治经济情况，国家或地区社会经济的方针政策规定，国家对毕业生的就业政策与劳动人事制度改革的信息，社会各部门、企业需求情况及未来产业、职业发展趋势所要求的信息。掌握这些信息，就可宏观地把握就业方向。同学们在校期间，要关心国家政策的重大改革，这对确立宏观的择业方向有着重大的意义。微观信息是指某些具体的就业信息。如用人单位的需求情况、发展前景、需求专业、条件、工资待遇等。这些信息是同学们在大学即将毕业时所必须收集的具体材料。

收集就业信息的途径主要有以下几种：一是通过学校就业指导办公室和各就业工作服务站收集。学校收集的信息都会及时传至各系（处），或发布在学校网页的就业信息栏中。二是通过各级政府主管部门和就业指导机构收集。这些主管部门主要是教育部和省教育厅、人力资源与社会保障厅及各市的教育局、人力资源与社会保障局。这些部门和就业机构的主要职责就是制定辖区的毕业生就业政策，提供高校毕业生和用人单位的信息，为毕业生就业提供咨询与服务，来自这方面的信息也是真实可信的。三是通过学校老师和亲朋好友收集。老师在多年的社会实践、教学实习、科研协作中，与一些专业对口的单位联系密切，通过他们了解就业信息，推荐求职，对择业成功有很大帮助。家长、亲朋好友，在多年的社会交往中，也会给你带来大量的就业信息，希望所有的毕业生要有意识地收集。四是通过各类双向选择招聘活动收集。各人才服务机构、省市就业服务部门、学校每年都会举办各种人才招聘会，为毕业生收集就业信息提供了更广泛的途径。五是通过有关新闻媒体和网络收集。新闻媒体特别是网络可为毕业生提供更丰富的就业信息。应届毕业生也可通过网站发布个人简历和求职要求。

求职者收集到求职信息后，还要善于分析求职信息，这样才能增大求职成功的机会。否则，事到临头，只凭自己的想象和猜测或是被动地服从他人之命，依据社会上的流行看法盲目选择，只会使求职陷入困境。就一则具体的招聘信息来讲，求职者在阅读时一定要从岗位的职责、岗位的硬件要求、招聘单位的具体情况（规模、待遇、前景、地址、联系方式等）、岗位的供需情况、单位的企业文化与人际关系、岗位的细分情况等角度加以分析。只有善于分析阅读招聘信息，才有可能取得应聘的成功。

（2）明确求职途径

求职的途径一般有如下9种。

① 招聘会。一般应到由政府人力资源与社会保障部门所属的人才交流机构开办的人才市场或招聘会求职，这类部门运作规范、服务周到、信誉高、手续齐全，出现问题可得到合理保护。

② 网上求职。网络突破时空的限制，通过网络求职更经济、方便、快捷，避免了大群人集中近距离接触，而且网络所承载的信息量大，不仅可以了解职位信息，还可以在网上人才信息库存储个人基本资料，以供用人单位查询。

③ 实习。目前很多知名企业通过招募实习生的方式来培养和招聘自己的员工。

④ 报刊招聘广告。这是传统上人们获得就业信息的最主要的手段，其信息较之网络有更强的真实性，但也有不实的虚假招聘信息。如果招聘职位好则可能有很多应聘者。

⑤ 人才服务机构、职业介绍所等。通过人才中介来获取职位今后将成为主流。随着法律的完善和监管到位，通过人力资源中介来获得职位，是个不错的选择。人才服务机构的优势在于信息来源多、专业化等。

⑥ 电话求职。了解招聘信息后，可以打电话咨询感兴趣的信息，电话求职时要讲究礼仪。

⑦ 直接上门找公司负责人或人力资源部经理。这是毛遂自荐的方式。如果看好某企业，可主动上门求职，展示自身的工作实力，让用人单位了解并能够录用自己。

⑧ 各院校的就业指导办公室。大学生们可以到所在院校的就业指导办公室去了解招聘信息，可以得到许多用人单位的信息，也可以得到有关就业政策和择业技巧的指导。

⑨ 社会关系。通过亲朋好友（包括老师、同学、师兄、师姐等）获取招聘信息或者推荐，也是一种符合中国国情的求职方式。

（3）撰写面试材料

在双向选择过程中，大部分用人单位安排面试的依据是有关反映毕业生情况的书面材料，通过这些书面材料来判断和评价毕业生的学习成绩、工作潜力。

毕业生要成功地向用人单位推销自己，拟定具有说服力和吸引力的求职面试材料是成功的第一步。

面试材料包括毕业生就业推荐表、简历、自荐信、成绩单及各式证书（获奖证书，英语、计算机等各类技能等级证书）、已发表的文章、论文、取得的成果等。下面以简历和自荐信为例进行说明。

① 简历。简历主要是针对应聘的工作，将相关经验、业绩、能力、性格等简要地列举出来，以达到推荐自己的目的。由于毕业生就业推荐表栏目和篇幅限制，多数毕业生更希望有一份个性突出、设计精美、能给用人单位留下深刻印象的简历。

简历的设计原则。**真实、简明、无错**是简历设计的三个原则。

真实原则就是指简历从内容上讲必须真实，比如选修了什么课，就写什么课；如果没有选修，就不要写。兼职工作更是如此，做了什么，就写什么。不要做了一，却写了三或四。因为在面试时，你的简历就是面试官的靶子，他会就简历上的任何问题提出疑问。如果你学了或做了，就能答上来，否则你和考官都会很尴尬，你在其眼里的信誉也就没有了，这是很不利的。讲真话，不要言过其实，相信自己的判断力是十分重要的。

如果你没有参加过任何兼职工作，则可以不写，因为主考官知道你是要毕业的学生，而学生的本职工作就是学习；或许你就是重点地学了本专业，没有顾上其他；或许你在学习本专业的同时选择了第二专业或辅修专业；或许你虽然没有在校外兼职，但在校内、系里或班里做了大量社会工作。总之，你会有自己的选择，也会珍惜自己的选择，并为自己的选择而骄傲。这样你就没有必要为没有参加过兼职工作而苦恼或凭空捏造。请记住，主考官都是从学生过来的，他们会尊重你的选择。

简明原则是指简历内容应该简单明了。如果简历内容过多，又缺乏层次感，则会给人以琐碎的感觉。必要信息如姓名、性别、出生年月、联系电话和地址等一定要写上。相比之下，身高、体重、血型、父母甚至兄弟姐妹做什么工作并不是非常重要的，这些内容纯属辅助信息，可要可不要，至少不应占据重要位置。可以将自己认为重要的信息全部浓缩到第一页上，然后把认为次要的信息，诸如每学期成绩单，获奖证书复印件等信息都当作附件。这样的简历主考官只看一页就清楚了，主次分明，非常有效，主考官如果感兴趣，可以继续看附件里的文件。

无错原则是指简历应该没有错误。尽可能在寄出简历之前，一个字一个字地检查一遍，标点符号也不能落下，否则会被认为是一个粗心的人，从而在激烈的竞争中就可能被淘汰。

简历并没有固定格式，对于社会经历较少的大学毕业生来说，简历一般包括个人基本资料、学历、社会工作及课外活动、兴趣爱好等，其内容大体包括以下几方面。

个人基本材料。主要指姓名、性别、出生年月、家庭住址、政治面貌、健康状况等，一般写在简历最前面。

学历。用人单位主要通过学历情况了解应聘者的智力及专业能力水平，一般应写在前面。习惯上书写学历的顺序是按时间的先后来写，但实际上用人单位更重视现在的学历，最好从现在开始往回写，写到中学即可。学习成绩优秀，获得奖学金或其他荣誉称号是学习生活中的闪光点，可一一列出，以增加学历的含金量。

生产实习、科研成果和毕业论文及发表的文章。这些材料能够反映你的工作经验，展示你的专业能力和学术水平，将是简历中一个有力的参考内容。

社会工作。近几年来，越来越多的用人单位渴望招聘到具有一定应变能力、能够从事各种不同性质工作的大学毕业生。学生干部和具备一定实际工作能力、管理能力的毕业生颇受青睐。社会工作对于仍在求学的毕业生来说，主要包括社会实践活动和课外活动，这在应聘时是相当重要的。

勤工助学经历。即使勤工助学的经历与应聘职业无直接关系，勤工助学也能够显示你的意志，并给人留下能吃苦、勤奋、负责、积极的好印象。

特长、兴趣爱好与性格。这是指你拥有的技能，特别是指中文写作、外语及计算机能力。兴趣爱好与性格特点能够展示你的品德、修养、社交能力及团队精神，它与工作性质关系密切，所以用词要贴切。

联系方式。联系地址、电话、邮政编码千万不要忘记写，以免用人单位因联系不到你而失去工作机会。

② 自荐信。自荐信即求职信，其基本内容应该包括如下方面。

写明用人信息的来源及自己所希望从事的工作岗位，否则，用人单位将无法回复。

愿望动机，这是自荐信的核心内容，说明自己要求竞争所期望的岗位的理由和今后的目标。

所学专业与特长。将大学所学的重要专业课程写入自荐信，但不要面面俱到，以免使主要的专业课程淹没在文字之中。对自己熟悉的、有兴趣的，特别是与用人单位所需人才职业关系紧密的，可多写一些。

兴趣和特长，要写得具体真实。

最后应提醒用人单位留意你附带的简历，请求给予同意等。

在毕业生求职过程中，信函求职是最常用、最主要的方式。求职信由开头、正文、结尾和落款组成。在开头，要有正确的称呼和格式，在第一行顶格书写，如："尊敬的人事处负责同志""尊敬的张教授"等，加一句问候语"您好"以示尊敬和礼貌。正文部分主要是个人基本情况即个人所具备的条件。求职信的核心部分要从专业知识、社会实践能力、专业技能、性格、特长等方面使用人单位确信，你能胜任他们的招聘职位。结尾部分可提醒用人单位回答消息，并且给予用人单位更为肯定的确认："您给我一个机会，我会带给您无数个惊喜！"结束语后面，写表示敬意的话，如"此致""敬礼"。落款部分署名并附日期。如果有附件，则可在信的左下角注明。

求职信的信封、信纸最好选用署有本学校名字的信封、信纸，忌讳选用带有外单位名字的信封、信纸。字迹清晰工整。如果能写一手漂亮的字，则最好手写，因为更多的人相信字如其人。如果字写得不好看，可以打印出来，篇幅要适中，不宜过长，1000字左右较为合适。求职信是个人与单位的第一次接触，所以，文笔要流畅，可以有鲜明的个人风格，不可过高地评价自己，也不可过于谦虚，要给用人单位留下较为深刻的印象。最后，要留下自己的联系方式。

在毕业生就业推荐表、简历和自荐信后，还应附有成绩单及各式证书、已发表的文章复印件、论文说明、成果证明等。如果本专业是比较特殊的专业，还应附一份本专业介绍。

（4）熟悉面试方法

求职面试的基本方法主要有电话自荐、考试录用、网上应聘等，在各种方法之中也有很多应试技巧，掌握一些方法和技巧，会有助于你求职面试取得成功。

① 电话自荐。通过电话推荐自己，是常用的一种求职方式，如何充分地利用电话接通后的短暂时间，用最简洁明了的语言清楚地表达自己，能否给对方留下一个深刻清晰的印象，是同学们十分关心的问题。

打电话之前，首先，要做好充分的准备工作。要了解用人单位的有关情况，尽量做到心中有数；其次，要对自己有一个客观、公正的认识。要根据用人单位的需求情况，结合自己的特长，列出一份简单的提纲，讲究条理并重点突出地介绍自己，力争给受话人留下深刻印象；最后，还要调整好自己的心态，做好充分的心理准备。努力控制好说话的语音、语调、语速，在短暂的时间里，展现自己积极向上、有理有节的个人良好品质。

电话接通后应有礼貌地询问："请问这是某单位人事处吗？"在得到对方的肯定答复后，应作简短的自我介绍，并说明来电意图。求职者一定要言简意赅，并着力表现自身与所求职位相互吻合的特长。

② 考试录用。笔试是常用的考核方法，笔试限于某一专业技术要求很强，对录用人员素质要求很高的单位，如一些涉外部门或技术要求高的专业公司等。

参加笔试前，应了解笔试的大体内容。一般而言，用人单位的笔试包括以下几个方面的内容：一是对于知识面的考核，包括基础知识和专业知识；二是智力测试，主要测试受聘者的记忆力、分析观察力、综合归纳能力、思维反应能力；三是技能检测，主要是对其处理实际问题的速度与质量的测试，检验其对知识和智力运用的程序和能力。参加笔试要按要求准时到场，不能迟到。卷面要整洁，字迹工整，给阅卷老师留下良好的印象。考试过程中，绝对不能作弊或搞小动作，这一点是用人单位尤其看重的。

③ 网上应聘。网上求职首先要准备一份既简明又能吸引用人单位的求职信和简历。求职信的内容包括：求职目标——明确你所向往的职位；个人特点的小结——吸引人来阅读你的简历；表决心——简单有力地显示信心。

在准备求职信时还要注意控制篇幅，要让人事经理无须使用屏幕的流动条就能读完；直接在内编辑，排版要工整；要做到既体现个人特点又不过分夸张。对于网上求职来讲，简历的准备相对比较简单，中华英才网等人才招聘网站上都提供标准的简历样本。需要注意的是，学历和工作经历要按时间顺序倒着填，也就是把最近的工作经历和学历写在最前面，以便招聘方了解你目前的状况。在填写工作经历时，很多求职者只是简单列出工作单位和职位，没有详细描述工作的具体内容，而招聘方恰恰就是根据你做过什么工作来评估你的实际工作能力的。除非应聘美工职位，否则不要使用花哨的装饰或字体。

在网上填简历，要严格按照招聘方的要求填写，要求网上填写的就不要寄打印的简历；要求用中文填写的就不要用英文填写；有固定区域填写的就不要另加附件。发送简历是网上求职关键的一步，如果是自己在网上通过 E-mail 发简历，则应该以"应聘某某职位"作为邮件标题，把求职信作为邮件的正文，再把简历直接复制到邮件正文中，这样既方便对方阅读，又杜绝了附件带计算机病毒的可能性。如果通过人才网站求职，可以直接把填好的简历发送给招聘单位，网站的在线招聘管理系统还能把个人简历以数据库的方式存储起来，根据求职者的要求，供招聘单位检索和筛选。

2. 应聘技巧

（1）坚持原则

以下应聘面试的原则，需要应聘者切实遵守。

① 尊重对方。在求职面谈时，第一，要尊重对方，不能因为招聘者的学历、职称、年龄或资历不如你优越，你就轻视对方。尊重对方、赏识对方，可以使招聘者增加对你的好感；第二，要善解人意，无论对方提出什么问题，你都应该从积极的角度去理解，而不是一味地产生对立情绪，认为是故意刁难你。如某科学院一名博士生毕业时向北京一所高校发出了求职信，并接到了面试的通知书。这位博士生读博士前就已被评为讲师，只是家属工作单位在外地。面谈前，高校的人事干部做了大量的工作，疏通了各种渠道，初步办好了接收工作。可是见面交谈时，这位博士发现坐在自己面前的是一位不足 30 岁的年轻小伙子，于是他不仅流露出了不尊重对方的神情，而且还刨根问底地询问对方，处处显示出优于对方、待价而沽的情绪，引起了对方的反感，结果毁了一桩好事。这位博士抱着"此处不留爷，自有留爷处"的自信转了十几个单位，可是，不是因为名额已满，就是因不能解决夫妻两地分居的问题而告吹。当他再次找到这所高校时，对方已录用了另外一名硕士毕业生，他只好回到老家。其实那位和他面谈的年轻人正是录用他的关键人物。这位年轻人是留美博士，并且是某个国家重点项目的负责人。人事部门有意安排他来负责招聘，主要是从将来开展博士后研究的角度着想的。事后，这位年轻人说："这位求职者不仅外语水平

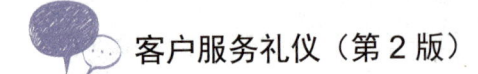

不符合要求，还妄自尊大，目空一切，好像不是他在求职，而是我在求职，这种人即使在国外也不会找到合适工作的。而我们现在录用的这个研究生，家也在外地，但专业水平和外语水平较高，关键是人很谦虚，很有发展前途。"

② 充满自信。求职既要自知，更要自信。求职过程中的自信表现，是在自大与自卑之间选择合适的一个度，既不过分张扬，也不过分卑下，是指围绕着求职、面试的主题，进行自我介绍并回答面试考官的问题，也是指在适当的时候，借题发挥，进一步展示自己本身的能力与才华。在自信的基础上，加以训练，能够使求职者在真正的面试舞台上超水平发挥。

③ 双向交流。富兰克林在其自传中讲道："说话和事业的发展有很大的关系，你出言不慎，将不可能获得别人的同情、别人的合作、别人的帮助。"在求职过程中，正确使用语言进行表达，无论是描述自己的情况、成绩或意向，还是回答面试考官的问题，都是非常重要的。同样，通过求职交流，也会使求职者获得招聘公司的相关信息，只会答、不会问的求职者正在慢慢被淘汰。因为无法发问就无法进行双向的交流，这就意味着一名求职者因为没有自我思考的能力而无法达到面试考官的要求。

（2）仔细聆听

在面试过程中，要仔细聆听。为了表示你在耐心倾听，要伴随适当的肢体动作（如微微点头）或简单的附和语（如"噢""嗯"）。回答问题前必须确认已经听清、听准对方的提问，如果对讲话重点不是十分有把握，则建议用复述性提问加以确认，例如"您的意思是不是说……""如果我没猜错的话，您是想问我……"等。

（3）谦虚诚恳

在面谈中，应聘者如果能谦虚诚恳，则可立于不败之地，从而成功地叩响就业之门。因此，在求职过程中，求职者的真实与诚恳是成功应聘的首要条件，在真实诚恳的基础上，还要力求使自己的就业意向与应聘行业的职业要求相一致，在面谈中尽量回避对自己不利的话题。

案例 6-1

某设计院是国家甲级设计院，任务多，待遇高，不少应聘者竞相涉足，企求获得一职之位。其中，一名毕业于该市三流大学的毕业生前来应聘。他先自报所学的是机械制造专业，然后非常认真地询问对方有什么样的要求。设计院的一位老工程师告诉他主要是绘图工作。这位青年马上说："这是我最拿手的，我课余就帮人家绘图，三天一份，您可以当场试我。"老工程师露出了笑容。因为绘图虽然容易但也并非易事，这种工作单调、枯燥、乏味，年轻人既然肯干，看来不是个眼高手低者。老工程师又问："你搞过设计吗？"

"搞过四个设计，都获得了优秀，还有一个被实习工厂看中了。"他拿出了证书和获奖图纸。

老工程师饶有兴趣地边看边问："搞设计要下现场，有时'连轴转'，你行吗？"小伙子拍着厚实的胸脯说："没问题，让干什么就干什么，只是希望有机会再读个本科。"

"没问题！"这回是老工程师拍着胸脯了。

案例分析

这位非名牌大学的毕业生之所以能顺利进入名牌设计院，关键在于他语言朴实但又不过分谦虚，表现出诚实稳重的品质。当他知道自己应聘的职业要求是擅长绘图、吃苦耐劳时，就将自己在绘图方面的经验、成果，以及身体强壮、不怕辛苦等优势加以强调，至于自己是来自三流院校、甚至专业并不对口的事实就避而不谈了。

（4）毛遂自荐

在求职过程中，如何在众多的竞争对手中脱颖而出很重要，哪怕只是引起招聘者的注意。当我们在运用求职语言艺术时，"单刀直入、毛遂自荐"也不失为一种方式。我们可以开门见山，对招聘者直截了当地表明自己的选择意向。如果对方针对你的能力或学历提出异议，那么别担心，这恰恰是给了你一个展示的机会。

案例 6-2

在某市的大学生供需见面会上,市公安局某研究所的招聘桌前,围满了前来求职的大学生,大部分是男学生。一位年轻的女学生硬是挤到招聘桌前,向招聘人员表明自己渴望从事刑事检验分析研究的工作。

招聘人员面露难色,因为这个研究所从来没有女工作人员,有的只是清一色的男性工作人员。可是,面对女学生恳求的目光,招聘人员决定破例给这位女学生一个机会。他说:"工作人员需要下案件现场,遇到的尽是血淋淋的场面,姑娘家哪敢去呢?!"

"我就敢去!"这位女学生快言直陈,毫不含糊。"让我抬死人,我也不怕。"

"你可别说大话,干这行没黑夜没白天,得随叫随到。"

"嘿,我假期打工就是给人家开车,跑起路来没点胆儿行吗?"说着她掏出了驾驶证。人事干部与研究所的干部当场拍板,并与之签订了聘用合同。

案列分析

这个例子中的女大学生就是借用对方的"发难",适时地用行动或语言展示了自己的优点和长处,反败为胜!

(5) 巧用反问

在面试过程中,有些招聘者会针对你的薄弱环节进行发问,其目的有二:一是确实发现你有不足之处,想得到你的解释;二是想看看你的应变能力和回答技巧。这时,应聘者一定要沉着冷静,迎难而上,用反问的形式巧妙地回答问题。

(6) 少用"我"字

由于面试的过程是一个对"我"进行考察的过程,因此,无论是在自我介绍还是在面试谈话过程中,求职者的语言和意识往往会以"我"为中心。例如,"我"的学历、"我"的理想、"我"的才华,以及"我"的要求等。殊不知,这样做对方会认为你是在"以自我为中心""自我标榜""自以为是""自我推销"——尽管事实并非如此。

案例 6-3

袁女士，35岁，应聘某公司的机械检验员，招聘者问她："这个工作经常要出差，到湖南、湖北、四川等地，条件会比较艰苦，你行吗？"袁女士答道："我是不是看上去比较娇气了一点？我从前在矿山做机械工的时候，可是常在管道里面爬上爬下的，而且我还在装配车间做过检查工作，我想工作再苦都没问题。别看我是女的，我在装配车间干过一年，在铆焊车间干过半年，我在试验场还做过现场施工。当时我在甘肃，现在想起来我真的不想回去，因机械管道里的味很难闻，100米长的管道，我就在里面爬上爬下……"

要不是被招聘者及时打断，袁女士还不知要说出多少个"我"字来。在这个案例中，袁女士的回答本来就不够简洁，再加上"我"字不离口，有强迫性的自我推销之嫌，使得招聘者顿生反感，面试结果可想而知。

（7）灵活应变

最后一条原则就是"没规则"，不要有那么多的条条框框，记住，在任何情况下，招聘单位都会垂青那些有较强角色意识和应变能力的人。而这种能力多半是书上没有的，要在实践中不断地锻炼，这就是为何有些招聘单位很看重工作经验的原因。请看下面的沟通小故事。

案例 6-4

国外一家旅馆老板测试三名应聘侍者的男子。

问："假如你无意中推开房门，看见女房客正在淋浴，而她也看见你了，这时你该怎么办？"

甲答："说声'对不起'，然后关门退出。"

乙答："说声'对不起，小姐'，然后关门退出。"

丙答："说声'对不起，先生'，然后关门退出。"

结果，丙被录用了，为什么呢？

因为他的这种故意误会的说法，维护了女房客的尊严，他用非常得体的语言表现出一名侍者应该具备的职业素质。

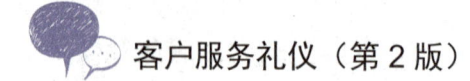

(8) 成功地进行自我介绍

求职者自我介绍的根本目的，是使面试考官对自己有个初步的、大概的了解，并且尽可能留下好的印象以使面试能够深入进行下去，最终赢得面试的成功。求职面试的自我介绍必须讲究技巧，成功的自我介绍往往会给面试考官留下深刻的印象，求职就成功了一半。在人的思想意识中，往往存在这样的误区，认为最了解自己的人一定是自己，把介绍自己当成是一件很容易的事。其实不然，说人易，说己难。

在求职面试中，介绍自己是最难的部分，要成功地进行自我介绍，就要从以下四个方面着手。

① **礼貌的问候**。在进行自我介绍之前，求职者首先要跟主面试考官打个招呼，道声谢，这是最起码的礼貌，如"经理，您好，谢谢您给我这个机会，现在，我向您作个简单的自我介绍……"介绍完毕以后，要注意向主面试考官致谢，并且要向在场的其他面试人员致谢。

② **主题要鲜明**。求职面试中的自我介绍一般包括姓名、年龄、籍贯、学历、学业情况、性格、特长、爱好、工作能力和工作经验等基本要素。因此，不必面面俱到，但一定要做到主题鲜明，直截了当，直入正题，不要拖泥带水，对于材料的组织要合理，做到详略得当、重点突出。一般来说应按招聘方的要求来组织介绍材料，围绕招聘方关注的重点说话。假如招聘单位对应聘人的工作能力和工作经验很重视，那么，求职者就得从自己的工作能力及经验出发作详细的叙述，而且整个介绍都是以这个重点为中心。下面是某家工艺品总公司招聘业务员的一则对话。

案例 6-5

面试考官："我公司主要经营有地方特色或民族特色的工艺品，如北京的景泰蓝、景德镇的陶瓷和湖州的抽纱等。这次招聘的对象主要是能开拓海内外业务的湖州抽纱的业务员。现在，请你介绍一下自己的情况。"

求职者："我叫李伟，今年24岁，是湖州市人。今年毕业于湖州市商业学校，读市场营销专业。我一直生活在湖州，小时候就经常帮妈妈和奶奶做抽纱活，对于传统的抽纱工艺可以说是比较了解的。在商校学习的两年中，我掌握了营销方面的专业知识，这是我将来搞好业务的资本。我的口才较好，曾参加省属中专学校的求职口才竞赛,得了二等奖,并且具备一定的英语口语能力。我这个人的特点是头脑灵活、反应快,平时喜欢看报纸,对国内外的经济发展动态很感兴趣,喜欢从事具有挑战性的工作。"

案例分析

应聘的求职者一般应从最高学历讲起,只要面试考官不问,完全没有必要谈及小学、中学甚至是大学。谈所学的专业、课程,不必要说明成绩。谈求职的经历,不要漫无边际,东拉西扯,最好在1~3分钟之内,完成自我介绍,自我介绍要简洁、明快、干脆、有力。

③ **让事实说话**。在面试时,有的人为了能给面试考官留下深刻的印象,往往喜欢对自己进行过多的夸张,动辄就"我的业务水平是很高的""我的成绩是全年级最好的",其实,这样反倒会给面试考官留下不好的印象。现在的用人单位往往更注重应聘者的真本事。"事实胜于雄辩",虽然面试的时间很有限,不可能完全展示出求职者的才能,但是,求职者可以通过实际的事例来证明你的能力,把你的才华展示给面试考官。

案例 6-6

某大学中文系学生小刘,毕业后到报社应聘记者,面对着上百个新闻专业出身的应聘者,可以说小刘并没有什么优势。但小刘对此早有准备,她对面试考官介绍自己时是这样说的:"我叫刘××,山西人,毕业于××大学中文系。虽然我不是新闻专业的,但我对记者这个行业却十分感兴趣。在大学期间我是学校校报的记者。四年间,进行了许多次较为重大的校内外采访,积累了一定的采访经验,再加上我的中文功底,我相信我可以胜任贵报的工作。这是我在大学期间发表过的报道稿,请各位编辑、领导批评指正。"

面试考官们看过小刘的报道材料后,觉得眼光独到、语言深刻,都很满意。结果小刘击败了众多的竞争者,不久就收到了录用通知。

④ **给自己留条退路**。面试中的自我介绍既要坦诚,又要有所保留;既要介绍自己的能力,也不要把自己搞成事事皆能,使自己进退维谷。在自我介绍中,

求职者要尽可能客观地显示自己的实力,但同时应尽可能地避免使用保证式或绝对式的语言,如"我非常熟悉这项业务""我保证让部门改变面貌"等,这些话往往没有具体内容,反倒会引起面试考官的反感,如果遇到较为平和、内敛的面试考官,也许不会为难你。但是如果遇到个性较强的面试考官进行追问时,那么求职者会因无法回答而张口结舌、尴尬万分。

案例 6-7

小赵去面试一家国际旅行社的导游。他自我介绍说:"我这个人喜欢旅游,熟悉各处的名胜古迹,全国的风景名胜几乎都去过。"面试考官很感兴趣,就问:"那你去过云南大理吗?"因为面试考官就是大理人,对自己的家乡再熟悉不过了。可惜小赵根本就没去过大理,心想若说没去过这么有名的地方,刚才的话,不就成了吹牛了吗?于是硬着头皮说:"去过。"面试考官又问:"你住的是哪家宾馆?"小张再也回答不上来,只好说:"那时我是住在一个朋友家的。"面试考官又问:"你的这位朋友家在大理的什么地方啊?"小赵这下没词儿了,于是东拉西扯、答非所问,结果自然是可想而知的。

(9)得体地回答

在面试过程中,要注意以答为基础、以问为辅助的沟通技巧。尽管不同的公司面试的程序和模式有所不同,面试考官的风格各异,但是有些问题是面试考官们比较喜欢问的。应聘者一定要对这些问题有所准备,知己知彼才能百战不殆。

一般来说,招聘方提出的问题可分为两类:一类是规定性提问,也就是招聘方事先准备好的,对每一位招聘者都要发问的问题;另一类是自由性提问,亦即招聘方随意穿插的问题,这些问题往往千变万化、涵盖宽泛,招聘方可以从应聘者不经意的对答中发现其闪光点或缺点。无论是哪类问题,应聘者在回答时都应当掌握以下基本技巧。

① 不要遗漏表现自己才能的重要资料。
② 保持高度敏锐和灵活的思维状态。
③ 回答既要表现出自己的个性气质,又要表现出对招聘方的尊重与服从。

④ 认真倾听对方的提问，并注意对方的反应，以便及时调整自己不恰当的回答。

⑤ 避免提到"倒霉""晦气""不幸""疾病"之类可能招致对方忌讳的字眼。

（10）讲究无声语言艺术

无声语言能体现出一个人的教养、身份、风度、内在气质和人格。在求职面试中，招聘人员常常通过求职者的举手投足、坐姿站态、一动一静、一颦一笑去判断其心理素质、文化修养甚至性格特征。第一印象在面试中非常重要，有时甚至决定了求职是否成功。优美的体态风度能帮助求职者建立良好的第一印象，从而起到事半功倍的作用；假如求职者不修边幅、大大咧咧，或者拘谨胆怯、体态不自然，必然会有损求职者在招聘人员心目中的印象，而影响面试成绩。无声语言艺术在求职面试中的具体运用体现在如下方面。

① **表情语**。面试中尤其要注意微笑和眼神的运用。

微笑是求职面试中最不可缺的表情，微笑可以使求职者显得友善、有亲和力，可以迅速缩短与面试官的距离，使对方更容易接受自己。如果求职者在面试中表情淡如清水、不苟言笑，那么传递给对方的是不尊重、不友好、不自信、不大方的信息，气氛沉闷压抑，就难以获得满意的面试结果。

在求职面试中，求职者要敢于和善于同面试官进行视线接触，这既是一种礼貌，又能帮助维持一种联系，使谈话在视线的频频接触中持续下去。一般情况下，视线接触的范围是双眼与嘴部之间的三角形区域，这样既保持了接触又避免了因直直地盯着对方而引起对方的不快。正确地运用眼神目视对方，既体现了求职者自身的礼貌，又说明了求职者对话题有兴趣而且不怕挑战。有的求职者总习惯于低着头看地板，几乎不看招聘方，或者左顾右盼，还有的求职者总是窥探面试官的桌子、稿纸或笔记本，这些行为会传递出求职者性格不稳定、不诚实、怯懦、缺乏自信心等信息，很不利于面试。

② **手势语**。在运用手势语时要注意紧密配合有声语言，做到协调一致"该出手时就出手"，不要"想出不敢出"，反倒给人胆小拘谨之感。手势还要大方自然、幅度适中。手势过大让人觉得性格不稳定，无节制地挥手或无规律地乱摆都会让人觉得说话者的轻浮或狂妄；手势过小显得说话者呆板、缺少风度。此外，一些下意识的举动，如搔首弄姿、拉耳掰手、扯衣挠发、无意识地抖动

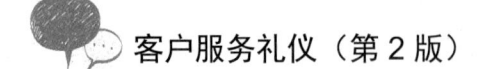

腿等，这些动作都可能会反映出求职者内心的不安、慌张、窘迫。

③ 体姿语。求职者如果是站着回答问题，则应该保持正确的站姿，如头要端正，腰要直，肩要平，挺胸收腹，重心放在脚底中央稍偏外侧的位置，双手自然下垂或拿文件夹之类的放在身前。这样才能显得精神饱满、充满信心。

坐的姿势要求文雅端庄，给人以沉稳、可信任感。在面试官请你入座前不要随便坐下，入座要稳要轻，不可猛起猛坐，以免发出声响，一般坐在椅子的前半部分。入座后，手可平放在腿上或扶手上，上身端正挺直，不要跷"二郎腿"，更不可抖动腿部。女士可以采取双膝并拢或小腿交叉的姿态，但不可向前直伸，面谈中，两眼平视和你交谈的招聘人员，身体稍向前倾，以显示对谈话的兴趣和对对方的尊重，身体不要过分前倾，给人一种阿谀逢迎的感觉。

步姿是在站姿的基础上展示人的动态美的极好方式。对于求职面试而言，展现步姿主要是指从进入面谈室到入座或站定和面谈结束后离开房间的两个过程。求职者要注意，步入面试室前先轻轻敲门，听见"请进"后，再轻轻推开门，并主动向屋内的人打招呼，然后神态自然、步履稳健、面带微笑地走进房间。面谈结束后，不管自己对于面谈的预感是怎样的，步履仍然应该自信从容，到门口时再轻轻把门带一下，切记不可失去常态，慌慌张张地快步走出，也不能漫不经心、一步三晃地走出去，这样可能会使面试官对你的整个面试失去好感。

④ 服饰语。求职面试是一种正式场合，求职者的服饰穿戴关系到招聘人员对求职者的第一印象，因而应当认真对待。一般来说，求职者的服饰要同自己的身材、身份、年龄等相符合，做到大方得体、整洁明快。在着装时，一要关注细节，比如衣服不必太贵，但要烫得平整，色彩要协调，扣子要扣对，皮鞋要擦亮，不要佩戴款式夸张的首饰。二要注意求职者的装扮须与希望的职业身份相协调，比如你面试的职业是教师、会计、工程师等，打扮就不能过分时髦，而应该选择庄重、素雅的着装，以显示出稳重文雅的职业特性。另外，所选的服装不一定是最漂亮的，但要选择能衬托你内在气质的、手感舒服的，这样就不会因为服饰而产生潜意识的拘束和不自然。头发要整齐、干净，头饰不宜过多，男士的胡须一般都要刮净，女士可着淡妆。总之，在求职交际中，求职者要力求把内心的美和外表修饰的美都展现出来。

6.2 招待宴请礼仪

1. 宴会礼仪

宴会是在社交活动中，尤其是在商务场合中增进友谊和融洽气氛的重要手段。招待宴请活动的形式多样，礼仪繁杂，掌握其基本规范是十分重要的。

（1）宴会的种类

宴会的种类复杂、形式多样。从规格上可把宴会分为国宴、正式宴会、便宴等；从餐别上可把宴会分为中餐宴会和西餐宴会、中西合餐宴会等；从时间上可把宴会分为早宴、午宴和晚宴等；从礼仪上可把宴会分为欢迎宴会、答谢宴会、饯行宴会等。

① **国宴**。国宴是国家元首、政府首脑欢迎外国元首、政府首脑或举办大型庆典活动等而举办的宴会。

② **正式宴会**。正式宴会是指各类社会组织为表示欢迎、庆贺、饯行、答谢等而举行的宴会。正式宴会的规模可大可小，规格可高可低。它一般由组织或部门负责人主持，不悬挂国旗，也没有乐队伴奏。

③ **便宴**。便宴常用于区分正式宴会，通常是组织为招待小批客人、个别采访者、合作者等而举行的宴会。便宴的规模较小，不拘于严格的礼仪，宾主可以随意，气氛比较宽松和谐。

④ **家宴**。家宴一般指在家中设便宴招待客人，以示亲切、友好。它在社交和商务活动中发挥着敬客和促进人际交往的重要作用，西方人喜欢采取这种形式。家宴按举行的时间不同，有早宴、午宴和晚宴之分；在宴请形式上又可分为家庭聚会、自助宴会、家庭冷餐会和在饭店请客等几种。家庭聚会是我国目前采用最多的一种请客形式。家宴规模较小，形式简单，气氛亲切友好，一般由女主人操办，适合宴请经常往来的至亲好友。自助宴会的特点是灵活自由，宾主可以一起动手准备，大家合作各显其能，边准备边聊天，这种形式比较随便、自然、亲切。家庭冷餐会以买来的现成食品为主，赴宴的客人可以站着吃，也可以坐着吃，还可以自由走动选择交谈对象。这种形式比较受青年人的欢迎。

在饭店请客或请厨师在家中做菜宴客，是较为正式的家宴形式，用于宴请某些久别的亲友和比较尊贵的客人，或者规模较大的婚宴、寿宴等。

（2）宴会的组织

宴会对宾客而言是一种礼遇，必须按有关礼节礼仪的要求来组织。

① **确定宴会的目的与形式**。宴会的目的一般很明确，如节庆日聚会、工作交流、贵宾来访等。根据目的决定邀请什么人、邀请多少人，并列出客人名单。宴请主宾身份应该对等，宴请范围指请哪些人士，多边活动还要考虑政治因素、政治关系等。宴请形式很大程度上取决于当地的习惯做法。

② **确定宴请时间和地点**。宴会的时间和地点，应当根据宴请的目的和主宾的情况而定。一般来说，宴会时间不应与宾客工作、生活安排发生冲突，通常安排在晚上 6～8 点。同时还应注意宴请时间上要尽量避开对方的禁忌日。例如，欧美人忌讳"13"，日本人忌讳"4""9"。在安排宴会时，应避开以上数字的时日。宴请的地点，应依照交通、宴请规格、主宾喜好等情况而定。

③ **邀请**。当宴请对象、时间和地点确定后，应提前 1～2 周制作、分发请柬，以便被邀请的宾客有充分的时间对自己的行程进行安排。即使是便宴，也应提前用电话准确地通知对方。

④ **确定宴会规格**。宴会规格对礼仪效果的影响是十分明显的。宴会规格一般应考虑宴会出席者的最高身份、人数、目的、主人情况等因素。规格过低，会显得失礼；规格过高，则无必要。确定规格后，宴会的主人应与饭店（酒店、宾馆）共同拟定菜单。在拟定菜单时，应考虑宾客的口味、禁忌、健康等因素。对于个别宾客需要照顾的，应尽早做好安排。

⑤ **席位安排**。宴请往往采用圆桌布置菜肴、酒水。采用一张以上圆桌安排宴请时，排列圆桌的尊卑位次有两种情况：**一种是由两桌组成的小型宴会**。当两桌横排时，其桌次以右为尊，以左为卑。这里所讲的右与左，是由面对正门的位置来确定的。这种做法又叫"面门定位"。当两桌竖排时，其桌次则讲究以远为上，以近为下。这里所谓的远近，是以距正门的远近而言的，此法也称"以远为上"。**另一种是由三桌或三桌以上所组成的宴会**。通常它又叫多桌宴会。在桌次安排时除了要遵循"面门定位""以右为尊""以远为上"这三条规则外，还应兼顾其他各桌距离主桌（即第一桌）的远近。通常距离主桌越近，桌次越高；距离主桌越远，桌次越低。

需要注意的是，每张餐桌的具体位次也有主次尊卑之别。排列位次的方法是主人大都应当面对正门而坐，并在主桌就座；举行多桌宴请时，各桌均应有一位主桌主人的代表就座，其位置一般与主桌主人同向，有时也可面对主桌主人；各桌的位次尊卑，应根据其距离该桌主人的远近而定，以近为上，以远为下；各桌距离该桌主人相同的位次，讲究以右为尊，即以该桌主人面向为准，其右为尊，其左为卑。另外，每张餐桌安排的用餐人数应限于10人之内，并宜为双数。

圆桌位次的具体排列又可分为两种情况：第一种情况是每桌一个主位的排列方法。其特点是每桌只有一个主人，主宾在其右手就座。第二种情况是每桌两个主位的排列方法。其特点是主人夫妇就座于同一桌，以男主人为第一主人，以女主人为第二主人，主宾和主宾夫人分别在男女主人右侧就座，这样每桌就形成了两个谈话中心。有时，倘若主宾身份高于主人，为了表示尊重，可安排其在主人位次上就座，而请主人坐在主宾的位次。

⑥ 餐具的准备。宴请餐具十分重要，考究的餐具是对客人的尊重。依据宴会人数和酒类、菜品的道数准备足够的餐具，是宴会的基本礼仪之一。餐桌上的一切物品都应十分卫生，桌布、餐巾都应浆洗干净并熨平。玻璃杯、酒杯、筷子、刀叉、碗碟等餐具，在宴会之前都必须洗净擦亮。

⑦ 宴请程序。迎客时，主人一般在门口迎接。官方活动除男女外，还有少数其他主要官员陪同主人排列成行迎宾，通常称为迎宾线，其位置一般在宾客进门存衣服以后进入休息厅之前。与宾客握手后，由工作人员引入休息厅或直接进入宴会厅。主宾抵达后，由主人陪同进入休息厅与其他宾客见面。休息厅由相应身份的人员陪同宾客，服务员要送饮料。

主人陪同主宾进入宴会厅，全体宾客入席，宴会开始。若宴会规模较大，则可请主桌以外的客人先就座，主宾随后入座。若有正式讲话，一般安排在热菜之后甜食之前由主人讲话，接着由主宾讲话，也可以一入席双方即讲话。冷餐会及酒会的讲话时间更灵活。吃完水果，主人和主宾起立，宴请即告结束。

外国人的日常宴请在女主人作为第一主人时，往往以她的行动为准。入席时，女主人先坐下，并由其招呼开始进餐。餐毕，女主人起立，邀请女宾与其一起离席。然后男宾起立，随后进入休息厅或留下吸烟。男女宾客在休息厅聚齐，即上茶或咖啡。主宾告辞时，主人把主宾送至门口。主宾离去后，原迎宾人员顺序排列，与其他宾客握手告别。

2．招待会礼仪

招待会是指各种不备正餐，只备食品、酒水的一种方便灵活的招待宴请活动。招待会的形式主要有招待酒会（鸡尾酒会）、冷餐招待会（自助餐）等。

（1）招待酒会

招待酒会是一种较为流行的招待宴请活动方式，它以酒水招待为主，配以食品等小吃。其规模可大可小，十几人、几百人均可。目前，招待酒会多用于庆贺节日、欢迎来访宾客、各种庆典、大型专题活动等。招待酒会的时间大多在下午2~7点举行，有时也可以中午举行，时间一般为2~3小时。招待酒会一般不设桌椅，只设小桌或吧台，以便将食品置于上面供客人自取。

举办招待酒会应选择一个宽敞明亮的环境，并加以精心布置，给人以亲切、融洽、和谐之感；主人应将客人一一介绍，以免冷场；备足酒水、食品，并由专门的服务人员负责添酒水；主人应照应好每位客人，以免冷落某些客人；酒会上不可贪杯，以免出现尴尬的局面。

（2）冷餐招待会

冷餐招待会，又称自助餐，也是比较流行的招待宴请活动形式。冷餐招待会设餐台，餐台上摆放着各种食品、酒水、餐具供客人自行选用。有的不设座位，客人可自由活动，边吃边谈，交流信息，气氛融洽和谐。吃自助餐应注意一次取食品不要太多，可吃完再取，其他礼仪与招待酒会相同。

3．茶话会礼仪

茶话会是我国传统的聚会方式。非正式的茶话会，一般是民间自发组织或形成的，如一伙熟人聚在一起聊天，这家主人给每位客人敬上一杯茶。大家边喝边说，热热闹闹，十分惬意。谈话一般也没有固定的议题。现在很多组织也经常利用这一形式进行日常的沟通，所以熟悉茶话会的礼仪是必要的。

（1）茶话会的准备

正式的茶话会一般由主办单位或主办人事先发通知或请柬给被邀请人，其举办地一般是会议厅、客厅或花园。正式茶话会除了备有足够茶水之外，一般还备有水果、糕点、瓜子、糖果等。召开茶话会多在节日，如五一劳动节、五四青年节、中秋节、国庆节、元旦等，借节日之题而发挥，一般采用漫谈形式，无中心议题。在正式茶话会上的中心议题可以是祝贺、发感慨、谈感想、作总结、提建议、谈远景，也可以吟诗作唱，畅叙友谊，无固定格式，气氛也比较活跃、轻松、自由。

举办茶话会时，除了准备好茶叶之外，还应注意擦净茶具。茶具一般以泥制茶具和瓷制茶具为最佳，其次是玻璃茶具和搪瓷茶具。在我国，泡茶一般不加其他东西，但某些民族以及国外的一些国家喜欢在泡茶时加上牛奶、白糖、柠檬片等，有的茶话会还准备咖啡等饮料。

正式茶话会简便易行，在服饰上也没有什么严格规定或特殊要求。

正式茶话会有主办人和有关领导。主办人要负责对来宾的迎送和招呼，主持会议；有关领导也常常以一个普通与会者的身份发言。茶话会不排座次，宾主可以随意交谈。

（2）茶话会的举行

茶话会开始时，一般由主办人致辞，讲话应开宗明义地说明茶话会宗旨，还要介绍与会单位代表或个人，为交际和谈话创造适宜的气氛。

茶话会主持人要随时注意来宾在茶话会上的反应，随时把话题引导到大家都感兴趣的或轻松愉快的话题上来。参加茶话会的每一个人都有义务维护茶话会的气氛，既不能让茶话会冷场，也不能让茶话会的秩序太乱。

有人讲话时，要专心致志地倾听，不要随意打断他人的话，也不可露出烦躁、心不在焉的样子，更不要妄加评论他人的话。自己发言的时候，用词、语气、态度要表现出文明礼貌和修养，神态要自然，仪态要端庄大方，样子过分拘谨或造作会使人不快。发言时口里应停止咀嚼食物，更要防止嘴角上留着残渣就发言。

自由交谈时不要独坐一隅、纹丝不动，而应与身边的人交谈，尽快找到共同的话题，打破僵局，融洽气氛。

幽默风趣的语言在茶话会上是受欢迎的，但要避免开玩笑伤害他人自尊；行为举止也不能不受约束，随便走动，推推搡搡，这样气氛就被搅乱了。

茶话会结束时，来宾应向主人道别，也要和新朋友、老朋友辞行。不要中

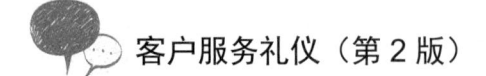

途退场或不辞而别。

茶话会应讲究实效，时间不宜过长，以 1~2 小时为宜。

茶话会不带任务，但追求气氛与聚会的效果。通过与会者的交谈、畅叙，坐在一起喝茶时共同创造的氛围，来感受他人的思想感情，增进相互间的了解和友谊。

6.3 联谊活动礼仪

举办各种联谊活动有助于加深社会组织与公众的感情，缩短社会组织与公众的心理距离，密切联系，协调关系，使社会组织赢得社会公众的支持。这类活动主要有联欢会、舞会、沙龙等。

1. 联欢会

联欢会是一个宽泛的概念，它包括社会组织举办的节日联欢会（如新年联欢会、春节联欢会）、各种文艺晚会（如歌舞晚会、电影晚会、戏曲晚会、相声小品晚会、游艺晚会）等。联欢会对于提高组织凝聚力、向心力，活跃员工的文化生活，加强与外部公众的文化沟通，提高组织形象都起着积极的作用。联欢会重在娱乐，但也不可忽视其规范性，否则会事倍功半。

（1）联欢会的准备

① 确定主题。为了使联欢会起到"教人"和"娱人"的双重作用，要精心确定联欢会的主题，使其有明确的指导思想和预期的目标。在此基础上选择联欢会的形式，适宜的形式对联欢会的成功意义重大，联欢会的形式不拘一格。

② 确定时间、场地。联欢会的时间一般选在晚上，有时也可根据情况选择在白天。其时间一般在两小时左右为宜。联欢会的场地选择非常重要，最好选择宽敞、明亮，有舞台、灯光、音响的场地。场地应加以布置，给人以温馨、和谐、喜庆、热烈之感。联欢会的座次要事先安排好，一般应将领导安排在醒目位置，其他公众最好穿插安排，以便于交流沟通。

③ 选定节目。要从主题出发来选定节目，尤其是开场和结尾的节目一定要精彩、有吸引力。节目应多种多样，健康而生动，各种形式穿插安排，不可头重尾轻，更不可千篇一律。正式的联欢会上，要把选定的节目整理编印成节目单，开会时发给观众，为观众提供方便。

④ 确定主持人。主持人是联欢会的关键人物，应选择仪表端庄、表达能力强，有一定的组织能力、应变能力，熟悉各项事物的人担当主持人。一场联欢会的主持人最好不少于两人（通常为一男一女）。主持人也不可过多，以免给人以凌乱、无序之感。

⑤ 彩排。正式的联欢会一定要事先进行彩排。这样有助于控制时间、堵塞漏洞，增强演职人员的信心。非正式的联欢会也要对具体事宜逐项落实，做到万无一失。

（2）观众的规范

观众在参加联欢会观看演出时应严守礼仪规范，这主要包括以下三个方面。

① 提前入场。在一般情况下，在演出正式开始之前一刻钟左右，观众即应进入演出现场，注意不要迟到。入场后要对号入座，在自己的座位上就座时，要保持安静，坐姿优雅。切勿将坐椅弄出声响，或坐姿不端。

② 专心观看。参加联欢会观看节目时要专心致志、全神贯注。不能交头接耳、窃窃私语；不能进行通信联络，要自觉关闭手机等移动通信设备，或使设备处于静音状态；不要吃东西，不要吸烟，更不能随意走动或大声讲话、起哄等。总之，要自觉维护全场的秩序，保持安静，使联欢会顺利进行。

③ 适时鼓掌。当主要领导、嘉宾入场或退场时，全场应有礼貌地鼓掌。演出至精彩处时也应即兴鼓掌，但时间不宜太长，演出结束时可鼓掌以示感谢。对可能表演不佳的演员，要予以谅解，不要喝倒彩，更不能吹口哨、扔东西等，因为这些做法是非常没有修养的表现。演出结束后，全体演员登台谢幕时，观众应起立鼓掌，再次感谢演员的表演，不能熟视无睹，扬长而去。

2. 舞会

跳交谊舞是人们喜闻乐见的一种社交活动。它不仅可以使人们紧张的神经得以松弛，益于健康，而且还可以陶冶情操、益于社交、广交朋友。舞会的形式多种多样，主要有正式舞会、交谊舞会、化装舞会、家庭舞会等。通常所指的舞会多指交谊舞会，其表现形式一般是男女对舞。

（1）筹办舞会的注意事项

① 确定舞会的基本事项。首先要确定舞会的时间、地点、规模、邀请对象和范围等基本事项。组织舞会应尽早确定时间，尽早发出通知。舞会一般安排在晚上7~11点为宜，时间一般不要超过3小时，以免使客人感到疲劳影响休息和工作。舞会的场地要宽敞、雅洁。舞场的选择应视舞会的规模来确定。舞会邀请的男女客人应大致相等。被邀请的对象一经确定，就应及时发出请帖。正式舞会的请帖至少要提前一个星期发出，以便于客人及早做出安排或回复。举办舞会，最好准备一些茶点、水果、饮料等，以备客人休息时取用。

② 邀请乐队，布置舞场。舞会的音乐伴奏十分重要，节奏明快、旋律优美的音乐，会使人心旷神怡、怡然自得。因此，舞会最好请一支乐队伴奏，有条件的也可以请两支乐队轮流伴奏。若一支乐队，也可以准备一些唱片及音响设备，以便于乐师们休息时使用。如受条件限制，也可采用放音乐的形式，但应注意音响效果，这与舞会的成功与否有着直接的关系。

舞场除了应有一个足够客人跳舞的舞池外，还应有衣帽间、饮料室及场外停车的地方。舞场应宽敞、雅洁，在场边应安放桌椅，供客人交谈、休息。舞场的灯光应柔和、暗淡，不宜明亮。

③ 确定主持人和接待服务人员。大型的、较正式的舞会或有特定内容的舞会需要确定一名主持人，一般舞会可不设主持人，但必须有接待服务人员，做好迎送、接待、引导、协调等方面的服务工作。

（2）舞会的要求

交际舞会会场是高雅文明的场所，是较能表现和检验一个公关人员的风采和修养的地方，所以应该注意自己的行为举止。具体要求如下。

① 注重仪表。好的仪表和着装，既能体现自己的优雅风度，也是对他人的一种尊重。在西方，男士参加正式的交谊舞会的传统服装是白领结、燕尾服。如果没有燕尾服，一般都穿半正式晚礼服。女性的礼服是很长的裙装，样式高雅。在我国，一般来说，男士可穿笔挺的西装，夏天可穿衬衫配西裤，庄重整洁；女士可穿裙装，不能穿工作服、牛仔裤、背心、短裤等过于随便的衣服，

这会与整个舞会的气氛不和谐。

② **口气清新**。应邀参加舞会前，要避免食用气味强烈的食物，如大蒜、酒等能散发异味的东西。已经吃了应设法进行必要的处理，以清洁口腔。参加舞会要有一份好的心情，好的精神，悦人悦己。跳舞时，男女双方要面带微笑，说话和气。

③ **邀舞有礼**。男女即使彼此不相识，但只要参加了舞会，无论是男士还是女士，都可以互相邀请，但通常是男士主动邀请女士共舞，展现绅士风度。同时，男士要有意识地照顾在场的每一位女士，尽量不要让某一位女士孤单地坐在舞场一角，郁郁寡欢。当男士有意邀请一位素不相识的女士跳舞时，必须先观察她是否已有男友伴随，如有，一般不宜去邀请，以免发生误解。当男士邀请舞伴时，要整理好自己的服装，把手擦干净，庄重地走到女士面前，面带笑容、表情自然、举止大方、弯腰鞠躬，做个"请"的手势，同时轻声说："想请您跳支舞，可以吧？"征得同意后，共同步入舞池。不要没等对方表示愿不愿意时，就伸手去拉对方。参加舞会时，受邀请者也应当落落大方，如果决定拒绝别人的邀请时，更要注意文明礼貌，不要伤害对方的自尊心，千万不要不理不睬或恶语伤人。如果女士已经答应和别人跳这支舞，应当向迟来邀请的男士真诚地表示歉意，说："对不起，已经有人邀请我跳了，等下一场吧。"如果女士决定谢绝男士邀舞时，应当婉转地说："对不起，我累了，想休息一下。"或者说："我不大会跳，真对不起。"以此来求得对方的谅解。已经婉言谢绝别人的邀请后，在一曲未终时，女士不宜同别的男士共舞，否则，会被认为是对前一位邀请者的蔑视，这是很不礼貌的。

6.4 仪式活动礼仪

仪式是指在客户交往中，特别是在一些比较重大、比较庄严、比较隆重、比较热烈的正式场合里，为了激发起出席者的某种情感，或者为了引起其重视，而郑重其事地参照合乎规范与管理的程序，按部就班地举行某种活动的具体形式。在现实生活里，我们接触到的仪式很多，如签字仪式、剪彩仪式、交接仪式、庆典仪式等。

从根本上讲，仪式是现代社会发展的产物。因为利益与仪式作为人们生活中的行为模式、行为规范，是属于社会的上层建筑，是由社会经济基础决定的，并随着经济基础的变化而变化，随着社会实践的发展而不断地丰富发展，而社会生产力水平决定了一个社会的经济基础，所以礼仪及仪式的产生和发展最终是由社会生产力水平制约和决定的，随着现代社会生产力水平和人们物质文化水平的提高，社会所固有的仪式也在不断地发展和臻于完善。

当今社会，对组织而言仪式有着重要的作用，它有利于提高组织的知名度和美誉度，塑造组织形象；有利于鼓舞员工的士气，激发员工对本组织的热爱，培育组织员工的价值观念，增强组织的凝聚力；有利于传递组织的信息，使组织赢得更多的成功机会和合作伙伴；有利于沟通情感，传达意愿，增进友情。讲究仪式礼仪是现代交际的一项重要内容，也是组织成功的关键。

1. 签字仪式礼仪

签字仪式是组织与对方经过会谈、协商，形成了某项协议或协定，然后互换正式文本的仪式。它是一种比较隆重的活动，礼仪规范也比较严格。

（1）签字仪式的准备

签字仪式是组织具有里程碑意义的大事，组织应予以充分准备，做到万无一失。

① **准备待签文本。** 洽谈或谈判结束后，双方应指定专人按谈判达成的协议做好待签文本的定稿、翻译、校对、印刷、装订、盖印等工作。文本一旦签字就具有法律效力，因此，对待文本的准备应当郑重、严肃。

在准备文本的过程中，除了要核对谈判协议条件与文本的一致性以外，还要核对各种批件，主要是看项目批件、许可证、设备分交文件、用外汇证明、订货卡等是否完备，合同内容与批件内容是否相符等。审核文本必须对照原稿件，做到一字不漏，对审核中发现的问题，要及时互相通报，通过再谈判，达到谅解一致，并相应调整签约时间。在协议或合同上签字的有几个单位，就要为签字仪式提供几份样本。如有必要，还应为各方提供一份副本。与外商签订有关的协议、合同时，按照国际惯例，待签文本应同时使用宾主双方的母语。

待签文本通常应装订成册，并制作封面，以示郑重。其规格一般为大八开。作为主方应为文本的准备提供准确、周到、快速的条件和服务。

② **布置签字场地**。签字场地有常设专用的，也有临时以会议厅、会客室来代替的。布置总原则是庄重、整洁、清净。

一间标准的签字厅，除了必要的签字用桌椅外，其他一切的陈设都不需要，正规的签字应为长桌。

按照仪式礼仪的规范，签字桌应当横放。在其后，可摆放适量的坐椅。签署双边性合同时，可放置两把坐椅，供签字人就座。签署多边性合同时，可以仅放一张坐椅，供各方签字人签字时轮流就座；也可为每位签字人各提供一把坐椅。

在签字桌上，应事先安放好待签文本，以及签字笔、吸墨器等签字时所用的文具。

与外商签署涉外商务合同时，须在签字桌上插放有关各方的国旗。插放国旗时，在其位置与顺序上，必须依照礼宾序列而行。例如，签署双边性文本时，有关各方的国旗须插放在该方签字人座椅的正前方。如签署多边性合同、协议等时，各方的国旗应依一定的礼宾顺序插在各方签字人的身后。

③ **安排签字人员**。在举行签字仪式之前，有关各方应预先确定好参加签字仪式的人员，并向有关方面通报。客方尤其要将自己一方出席签字仪式的人数提前给主方，以便主方安排。签字人要视文件的性质来确定，可由最高负责人签，但双方签字人的身份应该对等。参加签字的有关各方事先还要安排一名熟悉签字仪式详细程序的助签人，并商定好签字的有关细节。其他出席签字仪式的陪同人员，基本上是双方参加谈判的全体人员，按一般礼貌做法，人数最好大体相等。为了表示重视，双方也可对等邀请更高一层的领导人出席签字仪式。

由于签字仪式的礼仪性极强，签字人员的穿着也有具体要求。按照规定，签字人、助签人及随员，在出席签字仪式时，应当穿着具有礼服性质的深色西装套装或西装套裙，并且配以白色衬衫与深色皮鞋。

参加签字仪式的礼仪、接待人员，可以穿自己的工作制服，或是旗袍一类的礼仪性服装。

签字人员应注意仪态、举止，要落落大方，得体自然，既不要严肃有余，也不要过分喜形于色。

（2）签字仪式的程序

虽然签字仪式的时间不长，但它是合同、协议签署的高潮，其程序规范、庄重而热烈。主要有以下几项。

① **签字仪式开始。**有关各方人员进入签字厅，在既定的位次上坐好。签字者按照主居左、客居右的位置入座，对方其他陪同人员分主客两方以各自职位、身份高低为序，自左向右（客方）或自右向左（主方）排列站于各签字人之后，或坐在己方签字者的对面。双方助签人分别站在己方签字者的外侧，协助翻揭文本，指明签字处，并为业已签署的文件吸墨。

② **签字人签署文本。**签字人签署文本通常的做法是先签署己方保存的合同文本，再接着签署他方保存的合同文本，这一做法在礼仪上称为"轮换制"。它的含义是在位次排列上，轮流使有关各方有机会居于首位一次，以显示机会均等，各方平等。

③ **交换合同文本。**双方签字人，正式交换已经有关各方正式签署的文本，交换后，各方签字人应热烈握手，互致祝贺，并相互交换各自方才使用过的签字笔，以示纪念。这时全场人员应该鼓掌，表示祝贺。

④ **有秩序地退场。**接着请双方最高领导者及客方先退场，然后东道主再退场。整个签字仪式以半小时为宜。

2．开业仪式礼仪

开业仪式是指在单位创建、开业，项目完工、落成，某一建筑物正式启用，或是某工程正式开始之际，为了表示庆贺和纪念，而按照一定的程序举行的专门的仪式。筹备和举行开业仪式始终应按着"热烈、隆重、节约、缜密"的原则进行。

（1）开业庆典的准备

① **做好舆论宣传。**举办开业仪式的主要目的是提高组织的知名度和美誉度，塑造良好的组织形象，吸引社会各界对组织的重视与关心，因此必须运用传播媒介，广泛刊登广告，以引起公众的注意。这种广告的内容一般应包括开

业仪式举行的日期、地点，企业的经营特色，开业时对顾客的优惠等。同时别忘了邀请新闻界的记者光临开业仪式，对组织的开业仪式进行采访、报道，进一步扩大组织的影响。

② **拟定宾客名单**。开业仪式成功与否，在很大程度上与参加典礼的主要宾客的身份、人数有直接关系。因此，在开业典礼前应邀请上级领导、知名人士、有关职能部门、社区负责人、社团代表及新闻媒介等方面的人士参加。对邀请出席的来宾，应将请柬送达，以示对客人的敬重。请柬要精美、大方，请柬的颜色用红色、白色、蓝色为宜，填写好的请柬，应放入信封内，提前一周左右的时间邮寄或派人送给有关单位和个人。

③ **布置现场环境**。举行仪式的现场可以是正门之外的广场，也可以是正门之内的大厅。在现场应悬挂开业仪式的会标，以及庆祝或欢迎词语等。由于开业仪式一般是站立举行的，所以要在来宾站立处铺设红色地毯，以示尊敬和庄重。会场两边可放置来宾赠送的花篮，四周悬挂彩带和宫灯。还要准备好音响、照明设备，使整个场地显得隆重、热烈。对于音响、照明设备，以及开业仪式举行之时所需使用的用具、设备，必须事先认真进行检查、调试，以防其在使用时出现差错。

④ **安排接待服务**。对来宾的接待服务工作一定要指派专人负责，重要来宾的接待应由组织负责人亲自完成。要安排专门的接待室，接待室要求茶杯洁净，茶几上放置烟灰缸，如不允许吸烟，应将礼貌标语标牌放置在接待室中提示来宾；要准备好来宾的签到处，准备贵宾留言簿，最好是红色或金色锦缎面高级留言簿，同时准备好毛笔、砚、墨等留言用的文具。为了便于来宾了解组织的情况，可以印刷一些材料，如庆典活动的内容、意义，来宾名单和致辞，组织经营项目和政策等。

⑤ **拟定仪式程序**。为了使开业仪式顺利进行，在筹备之时必须草拟具体程序，并选好称职的主持人。开业仪式的程序包括确定主持人，介绍重要来宾，组织负责人或重要来宾致辞、剪彩或参观、座谈、联欢等。

⑥ **准备馈赠礼品**。开业仪式上向来宾赠送的礼品是一种宣传性传播媒介，只要准备得当，往往能产生很好的效果。礼品要突出纪念性，具有一定的纪念意义，让人珍惜，同时也要突出其宣传性，可以在礼品的包装上印上组织标志、庆典开业日期、产品图案、企业口号和服务承诺等。

（2）开幕仪式礼仪

开幕仪式是开业仪式常见的形式之一，通常它是指公司、企业、宾馆、商店、银行等正式启用前，或各类商品的展示会、博览会、订货会正式开始之前举行的相关仪式。每当开幕仪式举行之后，公司、企业、宾馆、商店、银行等将正式营业，有关商品的展示会、博览会、订货会将正式接待顾客与观众。一般举行开幕式要在比较宽敞的活动空间中进行，如门前广场、展厅门前、室内大厅等处，都是较为合适的地点。

开幕式的主要程序为：①宣布仪式开始，全体肃立，介绍来宾。②邀请专人揭幕或剪彩。揭幕时揭幕人行至彩幕前恭敬地站立，礼仪小姐双手将开启彩幕的彩索递交对方。揭幕人随之目视彩幕，双手拉起彩索，展开彩幕。全场目视彩幕，鼓掌并奏乐。③在主办方领导的亲自引导下，全体到场者依次进入幕门。④主办方领导致辞答谢。⑤来宾代表发言祝贺。⑥主办方领导陪同来宾参观，开始正式接待顾客或观众，对外营业或对外展览宣告开始。

（3）奠基仪式礼仪

奠基仪式是指一些重要的建筑物，如大厦、场馆、亭台、纪念碑等，在动工修建前，正式举行的庆贺性活动。其举行地点应选择在动工修建建筑物的施工现场，一般在建筑物的正门右侧，在奠基仪式的举行现场应设有彩棚，用来安放该建筑物的模型、设计图、效果图，并使各种建筑机械就位待命。

用来奠基的奠基石应是一块完整无损、外观精美的长方形石料。奠基石上的文字应当竖写，在其右上侧，写上建筑物的名称，正中央应有"奠基"两个大字，左下侧刻有奠基单位的全称以及举行奠基仪式的具体日期。奠基石上的字体，大都用楷体字刻写，并且最好用白底金字或黑字。在奠基石的下方或一侧，还应安放一只密闭完好的铁盒，内装与该建筑物相关的各有关资料及奠基人的姓名。届时，它将同奠基石一同被奠基人等培土掩埋于地下，以示纪念。

奠基仪式的程序为：①仪式正式开始，介绍来宾。②主办方领导对建筑物的功能、规划设计等进行介绍。③来宾致辞道贺。④正式进行奠基，奠基人双手持握系有红绸的新锹为奠基石培土，再由主办方领导与其他嘉宾依次为之培土，直至将其埋没为止。

奠基时可演奏喜庆乐曲或敲锣打鼓，营造良好的气氛。

（4）落成仪式礼仪

落成仪式礼仪也称竣工仪式，它是指本单位所属的某一建筑物或某项设施建设、安装工作完成之后，或是某一纪念性、标志性建筑物——诸如纪念碑、纪念塔、纪念堂等建成之后，以及某种意义特别大的产品生产成功之后，专门举行的庆贺性活动。落成仪式一般应在现场举行，如新落成的建筑物之外，纪念碑、纪念塔的旁边等。参加落成仪式要注意情绪，在庆贺工厂大厦落成、重要产品生产等时应表现出欢乐、喜悦的情绪，在庆祝纪念碑、纪念塔落成时应表现出庄严、肃穆的情绪。

落成仪式的程序是：①宣布仪式开始，介绍各位来宾。②演奏标志性乐曲。③本单位负责人发言，以介绍、回顾、感谢为主要内容。④进行揭幕或剪彩。⑤全体人员向刚刚落成的建筑物行注目礼。⑥来宾致辞。⑦全体人员进行参观。

3. 剪彩仪式

剪彩仪式是有关组织为了庆贺其成立开业，大型建筑物落成，新造的车船和飞机出厂，道路桥梁落成首次通车，大型展销会、展览会的开幕而举行的一种庆祝活动。

剪彩作为一种庆典仪式，可以在开业典礼中举行，也可以举行专门的剪彩仪式，以期引起社会各界的重视。

（1）剪彩仪式的由来

剪彩仪式起源于店铺开张。据说美国人做生意保留着一种习俗，即一清早必须把店门打开，为了使人们知道这是一个新开张的店铺，还要特地在门前横系上一条布带，这样做既可以防止店铺未开张前闯入闲人，又能起到引人注目、标新立异的作用，等店铺正式开张时再将布带取走。

案例 6-8

1912年，有一家大百货公司将要开张，老板严格地按照当地的风俗办事，在早早开着的店门前横系着一条布带，万事俱备，只等开张。这时，老板10岁的女儿牵着一只哈巴狗从店里匆匆跑出来，无意中碰断了这条布带。这时在门外等候的顾客及行人以为正式开张营业了,于是蜂拥而入,争先恐后地购买货物,真是生意兴隆。不久,当一个分公司要开张时,老板想起了第一次开张时的盛况,就如法炮制。这次是有意让小女把布带碰断,果然财运又不错。于是,人们认为让女孩碰断布带的做法是一个极好的兆头,因而争相效仿,广为推行。此后,凡是新开张的商店都要邀请年轻的姑娘来撕断布带。

后来,人们又用彩带取代色彩单调的布带,并用剪刀剪代替用手撕,有的地方或行业讲究用金剪子。这样一来,人们就给这种做法正式取了个名字——"剪彩"。

(2) 剪彩仪式的礼仪规则

① **邀请参加者。**参加剪彩仪式的人员主要分为:主办单位负责人和组织仪式的人员、上级领导、主管单位负责人、知名人士、记者等来宾;主办单位企业的员工;有关管理人员和技术人员。通过参加仪式,参加者身临其境,感受项目或展览的重要性,从而形成深刻难忘的印象。对仪式的参加者应做好接待工作。当宾客到达时,接待人员要请宾客签到,然后引领他们到指定的位置上。

② **准备工作。**剪彩仪式的主席台要事先布置好,主席台要铺好台布,摆放茶水和参加仪式的人员的名牌。为了增添热烈而隆重的喜庆气氛,可以邀请礼仪小姐参加仪式。礼仪小姐可从本组织中挑选,也可到礼仪公司聘请。对礼仪小姐要求仪容、仪表、仪态文雅、大方、端庄。着装宜选择西式套装或红色旗袍,穿高跟鞋,配长筒丝袜,化淡妆,并以盘起发髻的发型为佳。人员确定后,要进行必要的分工和演练。剪彩仪式的用品如剪刀、白纱手套、托盘应按剪彩者人数配齐,系有花结的大红缎带约 2 米长,馈赠的纪念性小礼品也应准备好。

③ **剪彩者形象。**剪彩者是剪彩仪式的主角,其仪表举止直接关系到剪彩仪式的效果和组织形象。因此作为剪彩者,要有荣誉感和责任感,衣着要大方、整洁、挺括,容貌要适当修饰,剪彩过程中要保持稳重的姿态、洒脱的风度和优雅的举止。

④ **仪式开始。**主持人在宣布仪式开始时,声音要高亢洪亮。然后,向到会者介绍参加剪彩仪式的领导人、负责人与知名人士,并对他们表示谢意;同时,也对在场的其他与会者表示感谢。感谢还要用掌声表示,主持人把两手高举起一些,以作为引导在场各位鼓掌的暗示。仪式上安排的发言应言简意赅、充满

热情，两三分钟即可，发言者一般为东道主的代表和向东道主表示祝贺的上级主管部门、地方政府及其他协作单位的代表。

⑤ **进行剪彩**。主持人宣布正式剪彩之后，剪彩者应在礼仪小姐的引导下，步履稳健地走向剪彩位置，如有几位剪彩者时应让中间主剪者走在前面，其他剪彩者紧随其后走向自己的剪彩位置。主席台上的人员一般要尾随至剪彩者之后1~2米处站立。当礼仪小姐用托盘呈上白纱手套、新剪刀时，剪彩者可用微笑表示谢意并随即接过手套和剪刀。剪彩前要向手拉缎带的礼仪小姐点头示意，然后，全神贯注、表情庄重地将缎带一刀两断，如果几位剪彩者共同剪彩，要注意协调行动，处在外端的剪彩者应用眼睛余光注视处于中间位置的剪彩者的动作，力争同时剪断彩带。还应与礼仪小姐配合，让彩球落入托盘中，剪彩者在放下剪刀后，应转身向周围的人鼓掌致意，并与主人进行礼节性的谈话，然后在礼仪小姐引导下退场。

⑥ **参观庆贺**。剪彩后，一般要组织来宾参观工程、展览等。有时候要宴请宾客，共同举杯庆祝。

案例 6-9

关于剪彩的注意事项

开业活动中经常有剪彩活动，但是常见的活动中常会出现各种各样的插曲。那么哪些是需要避免的呢？

1. 剪彩是礼仪比领导多1个，剪彩花球要比领导多1个。
2. 需要跟剪彩的领导提前打好招呼，确认对方会上台剪彩。
3. 举托盘的剪彩礼仪小姐需要和领导错开一边上台，领导从左入场，那么礼仪刚好从右入场最好，时间需掐准。
4. 临上台之前，再度确定剪彩领导是否在场，主持人需念领导名单，此处需匀速稳重比平时略快的语气念完。
5. 剪彩一定要叫主持人喊1，2，3之后再开始同时剪，再放礼花，这样拍照及心理预期会基本同步，拍照宣传也会好看。
6. 剪彩之后记得让领导停留台上，让摄影师合影留念。

案例 6-10

剪彩人员的礼仪是如何规定的？

（1）剪彩者

依照惯例，在剪彩仪式上担任剪彩者，可以是一个人，也可以是几个人，但是一般不应多于五人。通常，剪彩者多由上级领导、合作伙伴、社会名流、员工代表或客户代表等来担任。在一般情况下，确定剪彩者时，必须尊重对方的个人意见，切勿勉强对方。需要由数人同时担任剪彩者时，应分别告知每位剪彩者。必要时，可在剪彩仪式举行前，将剪彩者集中在一起，并告之有关的注意事项，允许的话可做相应的排练。按照常规，剪彩者应着套装、套裙或制服，将头发梳理整齐。不允许戴帽子或者戴墨镜，也不允许穿着便装。

值得注意的是，若剪彩者仅为一人，则其剪彩时居中而立即可。若剪彩者不止一人时，则应同时上场，剪彩时位次的高低也必须予以重视。

（2）助剪者

在剪彩者剪彩的一系列过程中，从旁为其提供帮助的礼仪小姐称为助剪者。一般而言，助剪者多由东道主一方的女职员担任。礼仪小姐的基本条件是相貌较好、气质高雅、善于交际；化淡妆、盘起头发，除戒指、耳环或耳钉外，不佩戴其他任何首饰。

迎宾者主要是在活动现场负责迎来送往；引导者主要是在进行剪彩时负责带领剪彩者登台或退场；拉彩者主要是在剪彩时展开、拉直红色缎带；捧花者主要是在剪彩时手托花团；托盘者主要是为剪彩者提供剪刀、手套等剪彩用品；服务者主要是为来宾尤其是剪彩者提供饮料、安排休息之处等。

（来源：《礼仪的力量》　作者：詹洋）

实操训练

1. 模拟松下幸之助的面试场面

请阅读下面的短文，然后组织同学 3 人一组，模拟面试场面。

被称之为"经营之神"的松下幸之助，当他还只是一个 9 岁的小学四年级的学生时，因为家里贫穷，不得不告别母亲，和父亲一起到大阪去打工，过着一种自己养活自己的生活。十四五岁的时候，他到一家电器公司去应聘，当公司的总经理看到站在他面前的还是一个衣着破烂又有些瘦弱的孩子时，总经理从心里不想要他，但又不好意思让这个少年太伤心，就随口说了一句："我们现在不缺人手，你过两个月再来吧。"

过了两个月，松下果然来了，总经理又推辞说："我们需要的是一个懂电器知识的人，你懂吗？"松下老实地告诉他说自己不懂。

回到了家里，松下就买了几本有关电器知识的书，看了两个月后，又来到了这家公司，并告诉那位总经理说："我已经学会了许多电器知识，并且以后我一边工作还可以一边学习。"谁知听了这话，那位经理反而皱了皱眉头说："小伙子，出入我们这家公司的都是很有点绅士派头的人物，你看你这身脏兮兮的衣服，我们怎么要你呢？"松下听后，笑了笑说："这好办！"

回家后，他就让爸爸拿出所有的积蓄，给他买了一身漂亮的制服，又一次来到了这家电器公司，这一下那位总经理可算真服了松下，他一边用欣赏的目光看着松下，一边笑着说："像你这样有韧劲的求职者，我还是第一次遇到啊，就凭你的这股韧劲，我也不能不要你了啊！"

从不向失败低头，这正是松下幸之助最后走向成功的秘诀！

2. 撰写求职简历

（1）实训目标：能够针对岗位，结合自身实际撰写打动用人单位的简历。

（2）实训学时：2学时。

（3）实训地点：教室。

（4）实训准备：2个不同单位的招聘广告。

（5）实训方法：每位学生根据两个不同单位的招聘广告，给自己编写两份侧重点不同的简历。

3. 组织营销宴请活动

（1）实训目标：通过营销宴会的组织，掌握宴请的组织和相关细节，如桌次和座次的安排、赴宴的礼节和席间交流等礼仪规范，展示良好的形象和素质，赢得客户的满意。

（2）实训学时：1学时。

（3）实训地点：实训室。

（4）实训背景：A公司和B公司是合作伙伴。B公司李董事长，销售部吴部长，东北地区销售处刘处长，秘书小刘、小吴一行人到A公司进行商务洽谈，A公司张总经理，财务总监马先生、技术总监刘先生，总经理秘书小苗、小孙负责接待。

（5）实训准备：设置一个宴会的环境。要有一张圆桌或数张圆桌。桌椅摆放要符合营销宴请位次安排的礼仪。

（6）实训方法：将学生每10人分为一组，分别扮演A、B公司的人员。每组演示宴会的整个过程，内容可以自由发挥，但要注意交际技巧和语言禁忌、服饰和行为举止。

一般的，宴会应体现以下基本内容：

（1）根据情境内容，模拟演示桌次和座次的安排。

（2）根据情境演示宴会厅门口迎接客人、引导客人入场就座的过程。

（3）演示李董事长、张总经理分别致辞、敬酒的场面。

（4）演示席间谈话交流的情境。

（5）演示秘书小刘不小心打翻酒水时的正确处理过程。

（6）演示送客的过程。

有条件可以用数码摄像机记录整个过程，然后投影回放，学生自我评价，找出不合规范之处。

授课教师总结点评学生存在的个性问题和共性问题。

最后，全班评选出"最佳表现组"。

（资料来源：严军，商务礼仪与职业形象，对外经济贸易大学出版社，2009）

4．模拟签字仪式

（1）实训目标：掌握签字仪式的程序以及相关礼仪。

（2）实训学时：1学时。

（3）实训地点：实训室。

（4）实训准备：准备有关签字仪式的道具有文本、文件夹、旗帜、签字笔、签字单、吸水纸、横幅、照相机、摄像机、会议桌子等。

（5）实训背景：中国清泉饮品公司将迎来一批来自美国摩尔集团的商务考察团，清泉饮品公司准备向摩尔集团订购2条先进的罐装流水线设备。在这次考察活动中将要进行谈判，签订合同，举行签字仪式。

（6）实训方法：草拟一份签字仪式的准备方案，布置签字厅并模拟演示签字仪式。具体要求如下。

① 实训分组进行，学生分别扮演相关角色。

② 参加实训的双方需简单演示见面礼仪，在着装上适当修饰。

案例 与 思考

1．应聘

小李：（推门进来，重重地关上门。坐在主考官面前，默不作声。）

主考官：你是李东吧？请问，你是从哪所学校毕业？什么时候毕业的？

小李：（不解地）您没有看我的简历吗？您问的这些问题简历上都写着呢。

主考官：看了。不过我还是想听你说说。那么，请用一分钟叙述一下你的简单情况。

小李：（快速地）我在大学里学的是文秘专业，实习时在一家广告公司负责文案。这几年，我报考了英语专业的自学考试，目前已通过五门功课的考试。我很想到贵公司工作，因为贵公司的工作环境很适合年轻人的发展。我希望贵公司给我一个机会，而我也会回报贵公司的。

主考官：（皱起眉头）好吧，回去等通知吧。

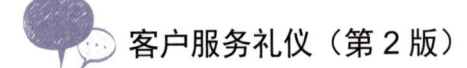

小李:（急匆匆走出去，又急匆匆返回来拿放在椅子脚旁的帆布皮包。）

💭 **思考分析**

小李这次面试为什么失败？

2. 如此吃相

在与自己的同事一道外出参加一次宴会时，小李因为举止有失检点，从而招致了大家的非议。

小李当时为了在宴会上吃得畅快，在开始用餐之后便一而再、再而三地减轻自己身上的"负担"。他先是松开自己的领带，接下来又解开领扣、松开腰带、卷起袖管，到了最后，竟然又悄悄地脱去了自己的鞋子，尤其令人感到不快的是，小李在吃东西时，总爱有意无意地咂摸其滋味，吃得轰然作响，并且其响声"一波未平，一波又起""一浪高过一浪"。

小李在宴会上的此番作为，不仅令他身边的人瞠目结舌，而且也让他的同事们无地自容。

💭 **思考分析**

（1）参加宴会应该注意哪些用餐礼仪？

（2）小李在餐桌上的不良表现有哪些不利影响？

3. 会场的"明星"

小刘的公司应邀参加一个研讨会，该研讨会邀请了很多商界知名人士及新闻界人士参加。老总特别安排小刘和他一道去参加，为的是让小刘见识一下大场面。

开会这天小刘早上睡过了头，等他赶到，会议已经进行了20分钟。他急急忙忙推开了会议室的门，"吱"的一声脆响，他一下子成了会场上的焦点。刚坐下不到5分钟，肃静的会场上响起了摇篮曲，是谁放的音乐？原来是小刘的手机响了！这下子，小刘可成了全会场的"明星"……

没多久，就听说小刘已经离开了该公司。

💭 **思考分析**

（1）小刘失礼的地方表现在哪里？

（2）参加各种会议应该注意哪些礼仪？

反侵权盗版声明

电子工业出版社依法对本作品享有专有出版权。任何未经权利人书面许可，复制、销售或通过信息网络传播本作品的行为；歪曲、篡改、剽窃本作品的行为，均违反《中华人民共和国著作权法》，其行为人应承担相应的民事责任和行政责任，构成犯罪的，将被依法追究刑事责任。

为了维护市场秩序，保护权利人的合法权益，我社将依法查处和打击侵权盗版的单位和个人。欢迎社会各界人士积极举报侵权盗版行为，本社将奖励举报有功人员，并保证举报人的信息不被泄露。

举报电话：（010）88254396；（010）88258888

传　　真：（010）88254397

E-mail： dbqq@phei.com.cn

通信地址：北京市万寿路 173 信箱
　　　　　电子工业出版社总编办公室

邮　　编：100036